huashuo
huanghe

话说黄河

本书编写组◎编

本书是《中华文明》系列之一，该系列全景式图文并茂的记录了中国文明历史，并与考古密切相联，运用文字去追寻中华文明在历史长河中的灿烂之光，它可称为真正的"纸质博物馆"，全书文字、图片彼此相当，将中华民族在人类历史上缔造的最光辉绚丽的文明呈现在读者面前。

世界图书出版公司
广州·北京·上海·西安

图书在版编目（CIP）数据

话说黄河／《话说黄河》编写组编．—广州：广东世界图书出版公司，2011．1（2024.2 重印）
ISBN 978－7－5100－3208－0

Ⅰ．①话… Ⅱ．①话… Ⅲ．①黄河－历史 Ⅳ．①K928.42

中国版本图书馆 CIP 数据核字（2011）第 007965 号

书　　名	话说黄河	
	HUASHUO HUANGHE	
编　　者	《话说黄河》编写组	
责任编辑	康琬娟	
装帧设计	三棵树设计工作组	
出版发行	世界图书出版有限公司　世界图书出版广东有限公司	
地　　址	广州市海珠区新港西路大江冲 25 号	
邮　　编	510300	
电　　话	020-84452179	
网　　址	http://www.gdst.com.cn	
邮　　箱	wpc_gdst@163.com	
经　　销	新华书店	
印　　刷	唐山富达印务有限公司	
开　　本	787mm×1092mm　1/16	
印　　张	13	
字　　数	160 千字	
版　　次	2011 年 1 月第 1 版　2024 年 2 月第 10 次印刷	
国际书号	ISBN　978-7-5100-3208-0	
定　　价	59.80 元	

前　言

黄河——中华民族的母亲河，发源于青藏高原巴颜喀拉山北麓，流经青海、四川、甘肃、宁夏、内蒙古、陕西、山西、河南、山东等9个省（自治区），在山东省垦利县注入渤海。

黄河流域地势西高东低，大致分为三级阶梯，逐级下降。最高一级阶梯为青海高原，海拔在 4000 米以上；第二级阶梯为黄土高原，海拔 1000 ~ 2000 米；第三级阶梯为华北大平原，海拔在 100 米以下。黄河流域幅员辽阔，地形复杂，各地气候差异较大，从南到北属湿润、半湿润、半干旱和干旱气候。

内蒙古托克托县河口镇以上的黄河河段为黄河上游，内蒙古托克托县河口镇至河南旧孟津的黄河河段为黄河中游，河南旧孟津以下的黄河河段为黄河下游。97% 的流域面积集中在上中游地区。

《话说黄河》共分九个部分为您讲述黄河：第一部分黄河的形成历史与河源的探索，讲述古黄河形成前的古地质环境、青藏高原的隆起、黄河的形成和历代对河源的探索。第二部分黄河流域的文化萌芽和黄河文明，讲述了远古人类文化的踪迹、早期农耕文化、仰韶文化和龙山文化，以及黄河文明的形成、发展和兴盛。第三部分黄河流域的自然环境，介绍了黄河流域的地理位置及地形特征、植被和土壤、黄河流域的水文、气候特征、干流峡谷、河流分段

和黄土高原及其景观。第四部分发展变化，讲述了黄河断流和河道的变迁。第五部分灵山秀水，介绍了黄河流域的名山和河流湖泊。第六部分主要水利枢纽、桥梁建设和石窟，介绍了位于黄河上的主要水利枢纽、桥梁建设和黄河沿线的主要石窟。第七部分城市风情，带你走进黄河沿岸的主要城市，领略他们的风采。第八部分生物资源和旅游资源，讲述了黄河流域的生物资源和旅游资源。第九部分与黄河相关的史实和传说，讲述了与黄河相关的史实和传说。九个部分——详解，让您足不出户就能了解黄河，并感受她所蕴含的中华文明。

编　者

目 录

一 黄河的形成历史与河源的探索

（一）古黄河形成前的古地质环境

早在中生代（6500万年前）时，西部地区较大的山脉如祁连山、巴颜喀山和其间的柴达木盆地和共和盆地、兰州盆地已经基本形成；中部地区的阴山和秦岭已经突起；华北地区因受太行山前古断裂的控制，已经形成一个典型的凹陷盆地，盆地基底还发育次级北东向的断裂、隆起和凹陷。北面的燕山，西侧太行山及西南侧东秦岭的余脉大别山分别从北、西、南三面将华北陆缘盆地合围。

第三纪时黄河流域的大陆地壳继承了中生代的运动规律和发展趋势，表现为以相对稳定或缓慢抬升的振荡性运动。地表以遭受风化剥蚀为主，大部分地区形成多期古剥蚀夷平面，使当时的古地形表面变得十分平缓。只在断陷盆地中分布有河湖相沉积。晚第三纪时在山前和低洼地段普遍堆积了厚度不等的坡、洪积层，岩性为棕红色黏土，含砾石和粗砂夹层；由于1923年杨仲健、安特生等首先在山西保德考察时发现这层红土，被命名为"保德红土"。保德红土在黄河中、下游地区普遍分布，并且含有丰富的三趾马动物群化石，故又称之为三趾马红土。在青藏高原发现第三纪地层及其三趾纪动物群化石，具有极其重要的地质意义。因为三趾马动物群主要生活在中国北方中、东部的第三纪晚期的古环境下。青藏高原地势高，气候寒冷，不能生存三趾马动物。而今在青藏高原发现三趾马动物群，说明青藏高原在第三纪晚期时的古环境和华北地区相近。也说明了青藏高原在晚第三纪时地势高程比现在要低得多；而今高原的高程与当时相比有很大差别。因此，三趾马红土动物群的发现为探

讨青藏高原的古气候古环境及高原的形成和演化提供了重要的线索和真实的证据。

青藏高原的三趾马动物群，与黄河中下游常见的三趾马动物群性质一样，它们之间可以进行对比。三趾马动物群一般生活在湿热的亚热带森林和草原环境中。从青藏高原化石层和其他地区晚第三纪地层中孢粉化石分析的结果都表明，当时的植被都主要为亚热带湿润气候的针叶林和针阔叶混交林。根据青藏高原东北部晚第三纪地层岩性、三趾马动物群化石和孢粉测试结果综合分析，可以推测青藏高原第三纪中、晚期处于亚热带气候区。我国已有的三趾马动物群化石产地主要分布在黄河中、下游区的宁夏、内蒙、山西、陕西等省区，海拔高度均在几百米到 1000 米。我国其他地区，如新疆、长江中下游等地区发现的三趾马动物群化石层位高度也大多都在海拔 1000 米左右。国外南亚大陆（印度、巴基斯坦）产三趾马动物群化石的地层的海拔也只有 500~1000 米，可见三趾马当时只适宜在海拔 1000 米以下的丘陵和平原中生活。科学研究表明，三趾马动物群几乎没有适应不同气候带和不同海拔高度的生存能力，它们的分布地域很窄。如在中、高纬度地区三趾马动物群的绝灭以及生存延续时限较短就是一个很好的证明。目前三趾马某些种属的后裔，如长颈鹿、犀牛等动物，仅见于低纬度地区的稀树干草原环境，基本保持了它们祖先的生活习性，它们分布的海拔高度也多在 1000 米左右。同时经过采用各种测试方法，如古植物孢粉化石测定，古岩溶的分布等综合分析，说明青藏高原在上新世时的古高原面的高度曾在海拔 1000 米左右。

综上所述，可以认为藏高原自白垩纪晚期开始，经过长期的风化剥蚀，到第三纪末形成了统一的夷平面，称之为原始高原面。原始高原面的高度与当时黄河中游陕、甘、宁等省区的高度基本一致，海拔约为 1000 米，在当时的整个黄河中、上游统一高程的古夷平面上，地形比较平坦，略有起伏。丘陵已被剥蚀成浑圆状，与低注的

盆地相对高差仅 300 ~ 500 米。而且此时的古气候环境亦大体相仿，以湿热气候环境为主。以后青藏高原才发生了强烈隆升，使高原高程与黄河中、下游地区的高程发生了巨大的差别。

（二）青藏高原的隆起

青藏高原的隆起是近代亚洲地质历史上最重要的地质事件之一。它对于中国大陆以至于整个亚洲的自然环境的变化有很大的影响。黄河的形成就是在这一重大地质事件背景下产生的。青藏高原大幅度的强烈隆升开始于第三纪末期和第四纪初期，这从第三纪晚期的上新统地层和第四纪初期下更新统地层的不整合接触可以充分说明这种隆升强烈的变化。在青藏高原迄今发现的所有上新统地层，几乎都遭受过一定程度的构造变动，主要表现在上、下地层倾斜角度的不同。另外，在青藏高原边缘及其外围的山麓广泛发育了早更新世巨厚的粗颗粒沉积物，说明当时高原曾经有过大幅度强烈隆升。广泛分布在山麓、盆地边缘及河谷，沉积类型有冲积、洪积和冰水沉积，局部地段还有冰碛层。岩性颗粒极粗，以块砾为主；厚度小的一般 200 ~ 300 米，最厚可达 2000 ~ 3000 米，如昆仑山北麓所见。由于青藏高原地区经历较为强烈的构造变动，原始高原面，以前所未有的速度和幅度强烈隆升，断裂褶皱活动大大加剧了地面表部的变形、起伏，从而促使强烈的剥蚀、侵蚀、搬运和堆积作用十分活跃。贡巴砾岩便是在这种地质背景下堆积形成的。

从早更新世地层中砾石的岩性成分看，主要以中生代的沉积岩为主，多为砂质泥岩、石英砂岩和灰岩等，很少有花岗岩类和变质岩类。说明当时由于高原面快速强烈上升，第四纪初期的河流还没有深切到地下深处的变质岩中去。上新世末期的构造运动虽然开辟了青藏高原隆升的新时代，但是青藏高原的最终形成并不仅是这一次构造运动的作用。

青藏高原的隆升除了在时间上呈现明显的阶段性外，在地域上

呈现明显的差异性，即在各地上升的幅度并不完全相同。尤其是在高原面上，由于强烈隆升，地壳在较强地应力的作用下，产生大量大规模的张性断裂。由于这些张性断裂都是在中生代构造活动的基础上继承性地发展。因此断裂的深度和长度都是空前的。如柴达木盆地南缘的断裂，它与昆仑山之间的断距约在 2000 米以上。由于受这些深大断裂的影响和控制，藏北高原上的断陷盆地有的在中生代的基础上发育，有的地段形成新的断陷盆地，总之盆地数量和规模比第三纪末都有所增多和扩大。如前文所述黄河上游的河源盆地、若尔盖盆地、共和盆地、湟水盆地及西宁民和盆地等，都是这一时期形成和扩大的。它们的形成和扩大为黄河的最终形成奠定了重要的基础。地壳隆升在前，河流侵蚀切割在后。由于高原面的整体性快速隆升，且隆升幅度又较大，河流还来不及大规模下切和溯源侵蚀到高原的腹部，只在高原面的边缘向腹地缓慢推进。所以，如今在高原腹地还保留有比较完整的第三纪形成的广阔平坦的古夷平面，整个青藏高原并不像黄河中游区黄土高原地形那么破碎。

根据前述估计，青藏高原古夷平面的原始高度约为海拔 1000 米，根据现在高原面的高度与原始高原面的高差，可以计算出来，青藏高原整体上升了 3000~4000 米。前文讲过，青藏高原从原始高原面上升到如今的高度，并不是在一个较短的地质历史时期和一次构造运动完成的，而是经历了漫长的地质年代和复杂的构造运动的过程才完成的。青藏高原的隆起对周边地区的影响表现在两个方面：①改变了中国大陆乃至亚洲大气环流的运动模式，使周边地区的古气候发生了极大的变化；②导致周边地区构造运动方式、速度和方向发生极大的变化，造成强烈外营力地质作用如侵蚀、搬运和堆积的根本性转变，同时也为黄河的最终形成奠定了基础。

（三）黄河的形成

黄河的形成与发育是内外地质营力综合作用的结果，其中新构

造运动起有决定性的作用，其表现形式为青藏高原的强烈隆升及其对中国大陆的影响。它为黄河的形成奠定了地质基础。河床是流水和泥沙的输送渠道，而流水在河床中的作用是侵蚀搬运和堆积。这种作用，特别是侵蚀作用反过来又促进河床的形成和发展。影响河流形成的因素很多，如地形坡度、河水流量的大小、水中携带泥沙的性质以及河床的岩性结构等，其中地形坡度是决定流水侵蚀强度的主要因素。在同样的流程中，如果坡度陡，流水的能量就大，侵蚀河床的作用就强烈。受喜马拉雅构造运动的影响，黄河上、中游流域不同程度抬升，形成由西向东依次降低的阶梯状地形。西部的青藏高原地势最高，中部为黄土高原，鄂尔多斯高原地势较西部为低，地势最低的是东部的华北大平原。在黄河干流未全线贯通前，如前文所述各个阶梯面上都分布着星罗棋布的内陆湖盆，湖盆周边发育一系列放射状水系；同一大地形阶面上的内陆湖盆间的高差较小，而相邻两大地形阶面上的湖泊的高程相对高差较大。

黄河的形成，经过了古湖盆期、水系袭夺期、黄河干流贯通期三个过程。三个过程经历的时限和发生的地域范围在黄河流域内各地又有所不同：

（1）古湖盆期，这个时期，在中国大陆上还没有出现黄河。我国自西向东，在地势上分可分为三个阶梯状高低不同的地形面。即最西部一个是青藏高原，中间是黄土高原与鄂尔多斯高原，东部最低的是华北大平原。第四纪以前，在这三个地区内都广泛的分布着成因不同的古湖盆。如在青藏高原分布的较大的古湖盆有河源盆地、贵德盆地、湟水盆地、共和盆地、循化盆地、青海湖盆等。

在黄土高原与鄂尔多斯高原有银川盆地、河套盆地、汾渭盆地以及山峡间的古侵蚀盆地等。这些盆地形成的古湖盆，也都有各自的注入湖内的水系。

东部为一个广大的华北陆缘凹陷区，在华北大平原形成以前，在第三纪末至第四纪时期，也广泛地分布着古湖区。

总之，在第四纪以前，我国北方，黄河流域内，也广泛地分布着大小不等，历史不同的古湖泊洼地。这个时期是黄河形成前的古地理面貌。

（2）水系袭夺期。由于青藏高原强烈隆升，以及黄土高原和鄂尔多斯高原的缓慢抬升和华北大平原的长期沉降，形成了这三大地形区的高程差别愈来愈大。其结果导致这些古湖盆逐渐萎缩，在这三大地形区之间发生了古水系的溯源侵蚀，并相互袭夺。

（3）黄河干流的贯通期，是在青藏高原的不断加速隆升，黄土高原与鄂尔多斯高原的掀斜抬升和华北陆缘盆地的继续沉降延续过程中，初期的局部河段的进一步溯源袭夺将上、中、下游的湖盆串通后形成的。总之，今日黄河的干流河道实际上是由地质历史上不同时期的古湖盆和古水系组成的。而在黄河从源区到入海，干流河道贯通后，则就按一条完整的大河的自然规律发展演化了。

（四）历代对河源的探索

千百年来关于黄河河源一直是人们十分关心的问题。为了探明它的发源地，中国人民世世代代都进行了不懈的努力，并经过了漫长的历史时期。

关于黄河的源头，对于黄河河源的考察，可以追溯到历史上很久远的年代。早在春秋战国时期完成的古地理书《禹贡》中，就已经有了关于黄河河源的记载。《荆楚岁时》曾记载有一则神话故事：相传汉武帝曾派张骞出使西域，顺路寻找黄河源头。张骞奉命沿黄河西行数月，在黄河源头附近见到了织女，织女十分热情地接待了这位汉朝使者。张骞返回时织女赠其一机石。张骞持机石返回长安向汉武帝复命，将机石献给汉武帝。同时将寻找黄河源头、到银河、遇织女、赠机石的经过禀报汉武帝。自此也便有了"黄河源头与天上银河"相同的传说。虽是神话和传说，但寻找河源却真有其事。晋朝张华的《博物志》便有了黄河"源出星宿"的说法。唐朝官吏李道宗、侯君集、刘元鼎等人于公元635年和822年曾先后到达黄河源头附近的星宿海，观察过那里的山川和地形。当年文成公主入藏时，松赞干布也曾亲自到河源处迎接。

我国历史上第一次专门组织考察队，去黄河上游对黄河源进行考察的是在元朝。公元1280年，元世祖命都实为招讨使，带领考察队去寻找黄河河源，当年他们从河州（今甘肃临夏）出发，沿着蜿蜒曲折的黄河跋山涉水，一直追溯到黄河河源区。元朝翰学士潘昂霄根据都实的弟弟阔阔叙述的情况，整理编写了《河源记》一书，书中对黄河河源区的情况作了比较详细的描述：认为河源区是一望无际的草滩和沼泽，在这个长二三十千米，宽十几千米的草滩里，散布着无数大大小小的湖泊，阳光一照，好像绿色的天幕上镶嵌着无数闪烁的群星，人们形象地称之为"星宿海"。

星 宿 海

关于"星宿海"，前人曾留下了许多动人的神话和美丽的传说。在当地藏族同胞中曾流传着这样一段生动的神话故事：从前，居住在巴颜喀拉山下的牧民中，有一位英俊的青年猎手和一位美丽的姑娘相爱。青年为了向姑娘表达自己对爱情的忠诚，决心上巴颜喀拉大雪山摘取一支珍贵的孔雀翎献给姑娘。青年走时没有告诉姑娘，姑娘误听谗言，以为青年变心，便沿去巴颜喀拉大雪山的路去追赶青年。她边哭边跑边呼唤，还没有赶到大雪山，就因极度的悲痛和劳累而死在半路。青年取回孔雀翎后，知道姑娘上当，又返身去追姑娘。当青年看到自己心爱的姑娘倒在路旁，他也气绝身亡。这一对青年男女在相互追赶的路上流下的许多汗珠和伤心的泪水，都变成了星宿海上的涌泉和湖泊，涌泉和湖泊又汇成一条河。姑娘长长的秀发变成了河流两侧散乱的支流。当地藏族同胞称这条河为"玛曲"，意思是指孔雀河。这件事感动了神仙，神仙便派来两个小神日夜守护在这对情人身边。天长日久，这两位小神化作屹立在星宿海南北的卡里恩卡着玛山和走琼山。

在《河源记》一书中，还记载"星宿海"西南有一条小河，从盆地外流入沼泽，当时考察队曾沿此小河上行，向西南方向追溯了百余千米，到达现在称为卡曲的地方，其实这才是黄河的正源。当时限于各方面的条件，并未准确地确定下来。清朝年间，清政府曾多次派人组织考察队去河源地区考察、测量、绘制地图，并综合前人的考察资料和他们自己的调查结果，于1761年由齐召南写成《水道提纲》一书。在书中指出，黄河发源于巴颜喀拉山北麓，有两条泉水汇合后向东南流，河流名叫阿尔坦河。

新中国成立后，也对黄河源头进行了多次考察。1952年，由黄河水利委员会组织，在项立志、董在华率领下，对黄河河源进行了数月的勘察。河源勘察队认定约古宗列曲为黄河正源，雅合拉达合泽山是它的源头，鄂陵湖在上，扎陵湖在下。这一结论与前人考察的结果不相吻合，但黄河发源于约古宗列曲的说法广为流传。

黄河真正的发源地在青藏高原巴颜喀拉山中北麓著名的约古宗列盆地。这个盆地四面环山，中间低洼平坦，水源丰富，牧草繁茂，当地牧民亲切地把这个盆地称着"约古宗列"，意思是炒青稞的锅。约古宗列盆地在地质历史时期曾是一个大湖泊，由于气候的变迁和地壳的上升，湖泊日益萎缩，湖区面积逐渐变小，目前盆地内仍残留着170多个小湖泊。在约古宗列盆地西南边缘地带分布着大量泉水，这些泉水像珍珠般时断时续地从众多泉眼涌出地表，这种泉地质学上叫上升泉。它是盆地周边山区大气降水和冰雪融水渗入岩层中形成地下水，地下水沿着岩层层面和裂隙及断层破碎带等通道顺着地势由较高的山顶山坡往山下渗流，在山坡脚形成埋藏在地表下不深的潜水，另部分地下水继续渗入岩层的更深部，形成具有压力

水头的承压水。当岩层受地壳应力作用发生破裂，形成能够勾通承压水的构造断裂时，受静水压力的深部承压水便会沿裂隙向上涌出地表形成上升泉。约古宗列盆地西南缘的泉水，是巴颜喀拉山中的地下水在这里的天然露头。这些泉水在盆地中又汇成一股涓涓细流，从而开始它遥远的万里之行的第一步。藏族同胞把黄河称为玛曲，意即"孔雀河"，孔雀被藏族同胞视为一种吉祥的鸟，把黄河叫做孔雀河，是对黄河的极大尊敬和无限热爱。而"玛曲曲果"就是黄河源头的意思。

黄河河源不在星宿海而在约古宗列盆地是由其地形地貌和地质条件所决定。从地形上看，河源区的西南为昆仑山东端，北面为东西走向的布尔汗布达山和积石山，积石山和阿尼玛卿山相连，积石山东端稍偏南，阿尼玛卿山基本上为北西—南东走向；河源区南面为巴颜喀拉山，它的首尾分别和西北的布尔汗布达山及东部的阿尼玛卿山相连，将河源区合围成一个封闭的山间盆地。盆地周围为海拔 5000 ~ 6000 米高，终年积雪的大山，中间为一东西长约 400 千米，宽约 100 千米、地形相对平坦的洼地，盆地轴线西部和中部为东西走向，至玛多以东稍往南倾，并逐渐变窄，最后与若尔盖盆地以峡谷相连。河源盆地中分布着为数众多、规模不等的湖泊、沼泽和草滩，并近东西向线型展布，一般长度大于宽度 10 倍到数十倍不等。南北两侧为河源盆地的边缘，由终年积雪的大山组成；东西方向由低山丘陵相隔，在整个河源区形成棋盘格局。这些湖沼草滩地势西高东低，呈阶梯状由西至东逐级降低。约古宗列盆地海拔约 4500 米，它比其以东的湖泊、沼泽和草滩地势都要高，它较星宿海要高近 100 米。在河源盆地南北两侧的山麓发育一系列规模不等的断层，盆地两侧的大山相对抬升，盆地中心相对沉降，形成以断层为边界的河源区断陷盆地，这种地形极易汇集大气降水、冰雪融水，山前不同规模的断裂也成为地下水往盆地渗流的通道，所以水流首先汇集在约古宗列盆地。最初河源区的湖泊都是相互独立的内陆湖泊，后来受构造运动影响和内陆河流溯源侵蚀的作用，各湖泊被逐渐勾通，高一级地势上湖泊的水便依次往低一级地势上的湖泊中流，最后盆地中的湖泊都被贯通。形成今天河源盆地的现状。

1978 年青海省组织了考察队又进行过大规模考察，对黄河源又有了新的认识。原 1952 年的河源考察队认为约古列宗的玛曲（即约古宗列曲）是黄河的正源，在此以西的雅合拉达合泽山是黄河的源头。据此次考察有人发现雅合拉达合泽山和约古宗列曲之间不仅有一相对高差约 100 米的分水岭，还有两条由南往北流入格尔木河的小河流。所以他们认为黄河的正源是卡日曲，而不是约古宗列曲。

卡日曲，过去称喀拉曲，早在 1300 多年前就有人认为是黄河的源头。古时沿卡日曲逆流而上，一直是我国内地通往西藏的大道。唐贞观九年唐代将军侯君集、李道宗奉命出征吐谷浑，贞观十五年文成公主进藏，清乾隆四十七年阿弥达"穷河源"，都是走的这条路，他们都认为卡日曲是黄河的正源。这次考察还发现卡日曲比约古宗列曲要长 30 千米，汇水面积多约 700 平方千米，流量也大 2 倍以上。卡日曲源头泉水丰富，最干旱年份也不曾断过流。而约古宗列曲的泉水在水量最大的 7~8 月份还有两处断流。

卡日曲发源于巴颜喀拉山北麓的各恣各雅山，该山海拔 4800米，起伏不大，分水岭平坦，高差约 20 米，距离长江水系只有约200 米，山脚下几个泉眼溢出的清水，在绿草如茵的滩地上流淌，蜿蜒曲折约 1 千米后，汇成干流往东北方向流入星宿海，再和约古宗列曲汇合后继续向东流去。

二 黄河流域的文化萌芽和黄河文明

（一）文化萌芽

1. 远古人类文化的踪迹

由于黄河流域优越的地理环境和自然条件，从远古时代起，黄河两岸就成为人们赖以生存的所在地，黄河抚育着中华民族从一棵幼芽成长为枝繁叶茂的大树。

据考证，大约在4000年前，黄河流域已经聚居着许多血缘氏族和部落。相传最早的是黄帝和炎帝两大部族。

黄帝族发祥于陕西北部的姬水。黄帝是有熊氏，又号轩辕氏。随着这一部族势力的发展壮大，它逐渐地向南面和东西迁移，定居在黄河中游我们今天泛称为"中原"的地带，成为这里一支显赫的势力。他们的活动影响深远，后世这一带的居民，都尊黄帝为自己的直系始祖，尧、舜、禹都是黄帝氏族的子孙，因而黄帝成为中华民族的"第一人"，现在，陕西省黄陵县有"黄帝陵"。分布在世界各地的炎黄子孙，都把这里看做是自己的根。

与黄帝接邻的是炎帝部族，最初活动在今天中游渭水流域的姜水。姜水在今陕西岐山以东。炎帝号神农氏，传说神农氏种五谷、制陶器、尝百草，因而可以断定炎帝部族是一个农业部族。

随着社会生产力的发展、人口的增加，各部落也不断扩大，部落间为了土地和食物，不但相互交往、分化组合，而且不断进行战争或联盟。

《淮南子》记载了发生在共工和颛顼之间的战争："昔共工与颛顼争为帝，怒而触不周之山，天柱折，地维绝。天倾西北，故日月

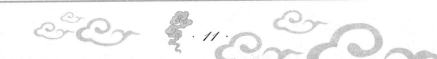

星辰移焉；地不满东南，故水潦尘埃归焉。"古人认为天圆地方，不周山就是传说中撑天的柱子。共工力撞不周山，撞折了撑天的柱子，撞断了系地的绳子，天向西北方倾斜，日月星辰都跟着移动，地的东南角下陷，河流尘土都向东流去。

最后，颛顼所属的黄帝部落击败炎帝部落，夺取了盟主地位，炎黄两族便逐渐融合，在中原地区定居下来，与东方的夷族、南方的黎族和苗族相互融合影响，共同发展黄河两岸的经济文化，使这个地区成为我国古代文化的摇篮。

相传夏、商、周的祖先也都是黄帝的后裔，他们自称"诸夏"或"华夏"，也称"华"或"夏"。由于中原地区是华夏族的发祥地，而古时候，人们认为中原是四方的中心，就又把这里称作"中华"。华族是汉族的前身，所以现在的汉族人都把黄帝奉为始祖，而称自己为"炎黄世胄"、"华夏子孙"；后来，"中华"就成了整个中国的代称。而黄河流域被后代视为中华民族的摇篮，黄河当之无愧地被称做"母亲河"。

2. 早期农耕文化

农耕文化是指由农民在长期农业生产中形成的一种风俗文化，以为农业服务和农民自身娱乐为中心。农耕文化集合了儒家文化，及各类宗教文化为一体，形成了自己独特文化内容和特征，但主体包括语言、戏剧、民歌、风俗及各类祭祀活动等，是中国存在最为广泛的文化类型。

农耕文化是我国古代劳动人民智慧的结晶。距今 1 万年前后，人类从渔猎经济过渡到生产经济，开始了新的时代。农业和家畜饲养的出现，扩大了食物来源，人们开始定居，并从事一些手工业生产。中国是世界上农业起源最早的国家之一。

最迟在距今七八千年以前，黄河流域已种植粟，长江中、下游已种植稻。在长期的狩猎活动中，人们逐渐饲养一些比较温顺的动物，使之成为家畜。北方以饲养猪、狗、鸡为主，南方以饲养猪、狗、水牛为主。同时，渔猎和采集仍然是获取食物的重要补充手段，渔猎工具和技术较前有很大的进步。农作物的食用及对炊器的需要促使制陶技术出现。人们开始有纺织物来改善自身的穿着。

在中国历史上，农耕生产依赖土地，农耕民族对土地的价值有着深刻的认识，形成了于农耕经济基础上的社会组织与伦理习尚。游牧生产依靠于水草，游牧民族为着水草的肥美而终年迁徙，形成了流动性的社会组织和简洁意重的礼俗。中国历史上周边游牧民族与中原王朝的战争往来，实际上是游牧与农耕两种不同社会经济的碰撞，两种不同社会文化的碰撞，也由此形成了两种不同社会经济与文化的交往和互补。

游牧与农耕是中国古代两种不同类型的社会经济生产，这两种不同类型的社会经济生产养育和形成了游牧民族和农耕民族，形成了两种不同类型的社会文化。

就起源而论，由狩猎发展而来的游牧活动，要早于由采集而形成的农耕活动。"在东大陆，野蛮时代的中期阶段是从驯养供给乳和肉的动物开始的，而植物的种植，这里在这一时期似乎很久还不知道。"人类早期的牲畜驯养和繁殖，从家庭内的驯养到户外的放牧，到较大规模畜牧群的形成，在适合于畜牧的地方就导致了游牧生活，导致了以游牧为生计的游牧名族的形成。游牧民族所进行的"家畜的驯养和畜群的繁殖，创造了前所未有的财富来源并生产了全新的社会关系"。然而，当人类的采集活动的扩大而导致农耕生活发生时，农耕生产就显示了在人类社会生活中的重要作用，它能比游牧生产提供更为稳定和可靠的生活食物来源。所以，农耕生产一经形成，就成为整个古代世界的决定性的生产部门，也是整个中国古代社会，包括原始社会、奴隶社会和封建社会，具有决定性意义的生产部门。

由于农耕民族依赖土地，要终年守候种植在土地上庄稼，需要在土地上掘穴筑屋，建筑长久性居所，从而就形成农耕民族的定

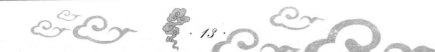

居生活。由于生活的定居化，也就形成了村落，形成了邻里。帝王君主便可依土地划分和管理国民，依土地修建城池，依土地进行分封，依土地建邦立国，依土地划分州、郡、县、乡、亭、里，依土地征税纳赋。在中国古代，由于土地权力的高度集中，地域的紧密相连，便形成了中央控制的"大一统"政权，形成驾驭宇内的封建王朝，形成天下独尊的封建皇帝。由于土地的相连性，使得在这一土地上发生的政治与军事的纷争，不管这种纷争所造成的分裂历时多长，最终都必将归于统一。

对于游牧民族，他们也把土地当做自己的财产对待，虽然他们从来没有固定这种财产是被占有的和再生产的，事实上只是畜群，而不是土地。他们对于土地在第一个停地上都暂时共同利用。但是，即使是在使用土地时，游牧民族也不固守一地。他们需要流动，按照游牧生产的规律进行流动，需要按照游牧生产要求对游牧地进行选择，对居住地进行选择。但是，游牧民族选择居住地的原则与农耕不同，不是论土质如何，而是在于水草肥美。游牧民族对于土地，没有像农耕民族那样深深地眷恋，如果土地上的水草不佳，他们一年四季都处在迁徙之中。对于游牧民族，迁徙是为了生存，是为了发展；迁徙既是生产，也是生活。驱赶、奔驰、迁徙就是游牧生产的特点。对于游牧民族，"骑"是生产的第一技能，在"骑"的生产劳动中，游牧民族显得十分敏捷和矫健。

在我国的历史上，农耕民族大多居处中原。中原大地有黄河的滋润，土质松软，气候四季分明，没有酷暑暴寒，宜于农耕。良好的自然环境保障了农耕生产的稳定性。为农耕民族提供了稳定的食物来源，也使农耕经济成为中世纪中国最为稳定的社会经济。与游牧民族相比，农耕民族的生活和性格就显得十分的安逸和恬静。

游牧民族多散居于中国的北部和西北部，因为这里有一望无际的草原，水甘草美，是牧畜的天然牧场。然而，这一地域，地高气寒，有雪山、沙漠。自然环境比中原大地显得恶劣，游牧民族可能与青草为伴，也可能与风沙雨雪相随。恶劣的自然地理环境，使得游牧生产难以保证供给游牧民族足够的生活食物，使得游牧经济一开始就带有脆弱性。然而，正是这样的自然环境，这样的畜牧生产，铸造了游牧民族耐高寒抗风雪的健壮体魄，铸造了游牧民族锐意进取的性格。

3. 仰韶文化

与完整的人类发展轨迹相对应，黄河流域远古文化遗迹无论从数量上还是从其系统性方面，在我国都是首屈一指的。我国新石器时代母系氏族社会最典型的仰韶文化遗址，分布在黄河中游及其附近地区。其中心在陕西中部、河南西部和山西南部一带，以及汉水中上游，并且以此为中心向外辐射，北达内蒙古河套地区，西抵甘肃境内渭河上游，东接山东。仰韶文化时期，是新石器时代黄河流域经济文化大发展的繁荣阶段，因为这一遗址首先在河南省渑池县仰韶村发现，所以被命名为"仰韶文化"。

仰韶文化是中国诸新石器时代文化中的一支主干。它的前身是老宫台、李家村、裴李岗诸文化。公元前 3000 年之后，这支文化在中原地区发展为庙底沟的二期文化。仰韶文化的分布以渭、汾、洛诸黄河支流汇集的中原地区为中心，北到长城沿线及河套地区，南达鄂西北，东至豫东一带，西到甘、清接壤地带。现共发现遗址1000 多处，其中经较大规模发掘的典型遗址有 10 余处。根据放射性碳素断代并经校正，该文化的年代为公元前 5000 ~ 前 3000 年。

河南省渑池县，这处曾因发生过"完璧归赵"故事而载入《史记》的诸侯会盟地，1923 年，又被瑞典地质学家安特生写入《中华远古之文化》这部重要著作里。1921 ~ 1923 年，安特生对仰韶村及渑池县其他村庄发现的同一时期遗址中发掘出的石器和陶器残片进行研究，认为这些遗址便是中国新石器时代文化遗址，并将它们称为"仰韶文化"。后来，考古人员又在黄河流域发现了同样性质的遗址 100 多处，如陕西西安半坡村、甘肃临洮马家窑以及山东滕县的大汶口等。

陕西省西安附近的半坡村遗址，可以作为仰韶文化的代表。半坡文化以房屋建筑为主，半坡人已经把他们的建筑分为房屋、墓坑和窑场，他们用木棍和草泥建成的房屋虽然简陋，但已经摆脱了漂泊无定、穴居洞藏的处境。半坡人的制陶技术也相当成熟，氏族中能工巧匠创造出的陶器，不仅是当时人们生活的必需品，而且在数千年以后，仍是具有巨大感染力的艺术品。在这里出土的人面网纹陶盆，形象古朴生动，充分地体现了半坡先民的审美情趣；以红色为主的彩陶图案，更是表现出当时人们日趋丰富的生活内容和源自生活的审美取向；而制陶工具——陶轮，则可以说是当时世界上最精密的一种手工机械。如今建造的半坡博物馆，为人们了解和研究原始社会提供了直观的场所。

仰韶文化时期，属氏族公社时期，社会结构表现出一定的复杂性，在村落中已按照血缘划分出不同层次的组织，人们也出现了显著的等级差别，并有祭祀活动。已经能建造房屋，开展农业生产和渔猎活动，粟的种植也已经相当普及，人们还会饲养家畜。

如果我们把仰韶文化时期看做是黄河文化的第一个繁荣时期，那么，处于枢纽位置的黄河中游就宛如一个熔炉，在它的影响下，分布在广大黄河流域的原始居民，在人类社会早期的经济活动和意识形态上表现出的一致性，是令人惊讶的。

4. 龙山文化

继仰韶文化而起的龙山文化遗址广泛地分布在黄河中下游，早期以河南三门峡庙底沟遗址为代表，晚期在晋、陕、豫、鲁均有表现。因1928年首先发现于山东省章丘县龙山镇城子崖而被命名为"龙山文化"。又因为龙山文化中有精美的黑陶，也有人一度称它为"黑陶文化"。随着研究的深入，过去被统一命名为龙山文化的遗址，已被细分为几种考古学文化，但习惯上仍沿用广义的"龙山文化"这一称谓。龙山文化时期，黄河流域的氏族部落开始由母系氏族公

社时期进入父系氏族公社时期。

龙山文化时期的生产，较仰韶文化时期有了较大的进步，黄河流域以粟为主的原始农业空前发展，种植面积和产量大大提高。在山东胶县三里河遗址中，一个面积约为 4 平方米、深约 1.4 米的窖穴里就藏有 1 立方米多的粟。农作物的种类有所增加，除种植粟黍之外，还种植小麦、水稻，以及油菜、白菜等蔬菜。生产工具也得到改进，出现了耒和石镰、蚌镰。制陶、制玉等手工业生产开始专门化，陶轮被普遍使用。这时的陶器以灰陶为主，山东龙山文化中的蛋壳黑陶造型优美典雅、薄如蛋壳，代表了当时制陶工艺的最高水平。建筑营造技术也有提高，并掌握了打井技术，开辟了新的水源。

社会经济的发展和变化，给龙山文化时期的氏族社会带来了深刻的变化，私有制产生，贫富分化加剧，出现祭祀和占卜，母权制让位给父权制，进入父系社会。这是原始社会的尾声，人类社会的发展距离阶级社会只有一步之遥了。黄河流域的远古文化遗存，像是一部史书，它记载了我国远古人类活动的历史。那一处处人类遗迹，宛若一幅幅连环画册，向我们述说着中华民族的先民在漫长的岁月里如何艰难地繁衍生息，如何在劳动中推动着人类和人类文化的发展。

(二) 黄河文明

1. 黄河文明的形成

黄河是中华民族的发源地。在 150 万年前在现今山西省黄河边的芮城县境内出现西候度猿人；100 万年前的蓝田猿人和 30 万年前的大荔猿人在黄河岸边取鱼狩猎；7 万年前山西襄汾丁村出现早期智人；3 万年前内蒙古乌审旗大沟湾出现晚期智人。距今 10000～7000 年的细石器文化遗址、距今 7000～3700 年的新石器文化遗址、距今 3700～2700 年的青铜器文化遗址和出现于公元前 770

年的铁器文化遗址等几乎遍布黄河流域。从中石器时代起，黄河流域就成了我国远古文化的发展中心，拉开了黄河文明发展的序幕。我国的古代文明起源于黄河。

黄河文明的形成期在公元前 4000~前 2000 年之间，前后经历了2000 年之久。在这一时期，神州大地出现了许多地区性文明，如在长江流域有成都平原文明、江汉文明、太湖文明，其代表性的考古学文化有大溪文化、屈家岭文化、石家河文化、崧泽文化、良渚文化等。在黄河流域有甘青文明、中原文明、海岱文明，其代表性的考古学文化有仰韶文化、中原龙山文化、大汶口文化、山东龙山文化、马家窑文化等。在东北有燕山地区文明，其代表性的考古学文化主要是红山文化。各个地区性文明都发展到相当高的水平，学术界都给以高度评价，但是到后来有的文明中断了，有的文明走向低谷，只有黄河文明恰如中流砥柱，朝气蓬勃，吸纳、融合了各地区文明精华，向更高层次发展。

与上述考古学文化相对应的是中国历史上的五帝时代，即黄帝、颛顼、帝喾、唐尧、虞舜以及海岱地区的太昊、少昊。据文献记载，他们的族团主要在黄河中下游地区繁衍、生息、发展，创造了灿烂的黄河早期文明。这时的社会是邦国林立，出现了城郭、农业生产社会化、手工业专门化、礼制规范化。贫富分化，阶级产生，文化艺术也有长足的发展。这时的黄河文明处于大交融的形成时期，可以称为邦国文明，也可以说是华夏文明的初级阶段。

2. 黄河文明的发展

黄河文明的发展期是它的升华阶段。从时代来说主要是夏朝、商朝、周朝三代。这时的黄河文明主要凝聚在黄河中下游的大中原地区，以今天的河南省为核心，大中原地区文化是黄河文明的中心。在大中原域内的河洛地区（以河南洛阳—登封一线为核心）文化是黄河文明的核心。

河洛地区大体包括黄河与洛河交汇的内夹角洲、外夹角洲以及黄河北岸的晋南和豫北。河洛文化圈向西可伸入关中，向东可以达到豫东。在河洛文化圈内，不仅有丰富的五帝传说和遗迹，而且还有夏商周三代王朝的国都。考古发现了属于王朝性质的都邑有河南省郑州市登封王城岗（原八方遗址）古城、郑州新密新寨古城、洛阳市偃师二里头城址、郑州商城、洛阳市偃师尸乡沟商城、安阳殷墟和安阳洹北商城以及在陕西和洛阳发现的西周、东周都城遗迹，夏商周三代的都邑均在河洛地区。因此，河洛文化不仅是一个地区性文化，而且是延续约 2000 年的王都文化，是黄河文明最核心的载体。

在这一历史阶段，出现了父传子家天下的政权体制，形成了比较成熟的国家机构，制定了比较完善的礼乐制度，出现了比较规范的文字，科学技术、农业、手工业、商业贸易飞速发展，划时代的青铜文化闻名中外。在河洛文化周围出现了巴蜀文化、吴越文化、楚文化、燕赵文化和齐鲁文化等，通过交流、吸纳、融合，给河洛文化注入了活力，在历史的舞台上显得更加活跃。在这一时期，出现了中国最早的诗歌总集《诗经》和哲理丰富的《易经》等许多不朽之作。影响中国几千年的道家、儒家、墨家、法家、兵家、名家等学派也如雨后春笋在河洛地区一齐涌向社会，开创了中国学术界百家争鸣的黄金时代。

河洛文化为黄河文明充实了内容，输入了新鲜血液，文明的光芒照亮了亚洲的东方，不仅大江南北、长城内外望尘莫及，即使在当时世界范围内，也享有极高的声誉。

3. 黄河文明的兴盛

黄河文明的兴盛期，是进入封建帝国文明的历史阶段，自秦汉开始直至北宋，1000 多年来，河洛地区一直处于核心地位。帝都文化推动着全国科学文化大踏步前进。

秦始皇统一六国，废封建，立郡县，车同轨，书同文，统一度量衡。汉承秦制，对这一重大文明创造进一步规范、完善和推广。

先秦时期的儒家、道家等学说，在历代王朝都得到继承和发扬光大。汉学是汉代学者创立的一个重要学派，源远流长，影响很大，他们对经学研究的成果，一直被后世学者奉为经典。宋代的理学，对塑造中华民族的性格起到了重大的作用。中国最早的最高学府太学，设在东汉首都洛阳（今河南洛阳），学生最多时达3万人以上，历经曹魏、西晋，为全国各地培养了大批人才，出现了不少出类拔萃的人物。天象历法、农学、地学、医学、水利、机械、建筑、冶炼、陶瓷、酿造、纺织、造纸、活字印刷等科学技术，都创造了历史奇迹；汉赋、唐诗、宋词以及书法、绘画、雕塑等，都攀登上文化艺术的高峰；留传后世的各类史书浩如烟海，记载了古往今来王朝兴替以及社会发展的历史。

著名的丝绸之路的起点，西汉时始于西安，东汉至隋唐时始于洛阳，西安、洛阳在当时是对外文化交流、商业贸易的国际大都市，由此，中国历史上的汉唐文明享誉世界。这就充分说明黄河文明的确发展到一个新的历史阶段，这个高度兴盛的黄河文明，其核心的确是在河洛文化范围内。

华夏文明的主体是黄河文明，黄河文明的中心在中原地区，黄河文明的核心在河洛文化圈内。河洛文化最大的特点表现在以下三个方面：第一，国都文化连绵不断。黄河文明形成期的五帝邦国时代，黄帝都有熊（今河南新郑市）、颛顼都帝丘（今河南濮阳市）、尧都平阳（今山西临汾市）、舜都蒲坂（今山西永济市）；黄河文明发展期的夏商周王国时代，夏都阳城（今河南省新郑市）、阳翟（今河南省禹州市）、斟鄩（今河南省偃师市，即二里头）、老丘（今河南省开封市），商都亳（今河南省商丘市）、隞（今河南省郑州商城遗址）、殷（今河南省安阳市小屯）、周都丰镐（今陕西省西安市）、洛邑（今河南省洛阳市）；黄河文明兴盛期的帝国时代，西汉至北宋一直建都在西安、洛阳和开封。上述都城均在河洛文化圈内，几千年的建都历史，形成了具有极大影响的国都文化。这是河

洛文化最突出的特点。第二，树大根深的根文化是河洛文化又一特点，有许多文明源头都在这一地区。如最早出现的国家在这里，近年启动的文明探源工程所确定的四个重点即临汾的陶寺、郑州的古城寨、新寨和王城岗也在这里，《河图》、《洛书》和《易经》等被誉为传统文化源头的元典出自洛阳、华夏文化重要纽带之一的汉字也产生在这里，即河南安阳殷墟甲骨文。由于历史上各种原因，中原人口大量向四方播迁，甚至播迁到海外。据姓氏专家研究，中国一百大姓中有 70 多姓的祖根或一支祖根源于中原。现在播迁在外特别是海外华人，多自称是"河洛郎"，并且前来寻根拜祖，河洛地区成为文化寻根和姓氏寻根的圣地。第三，大一统的思想根深蒂固，形成了传统的民族基因。善于吸收、包融、开放、凝聚的民族个性，在河洛文化中都有充分的体现，但最突出的还是大一统的民族基因，从邦国、王国到帝国的几千年中，人们为维护国家的统一强大，反对分裂，一直进行着不懈的斗争，并且取得了辉煌的成就。这一优秀的传统现已成为整个中华民族坚如磐石的凝聚力和灵魂。

三 黄河流域的自然环境

（一）黄河流域的地理位置和地形特征

1. 地理位置

黄河源于青海巴颜喀拉山，干流贯穿 9 个省、自治区，分别为：青海、四川、甘肃、宁夏、内蒙古、陕西、山西、河南、山东，注入渤海。年径流量 574 亿立方米，平均径流深度 79 米。但水量不及珠江大，沿途汇集有 35 条主要支流，较大的支流在上游，有湟水、洮河，在中游有清水河、汾河、渭河、沁河，下游有伊河、洛河。两岸缺乏湖泊且河床较高，流入黄河的河流很少，因此黄河下游流域面积很小。

河源至贵德多系山岭及草地高原，属青藏高原，海拔均在 3000 米以上，山峰超过 4000 米，源头河谷地海拔 4200 米；贵德至孟津

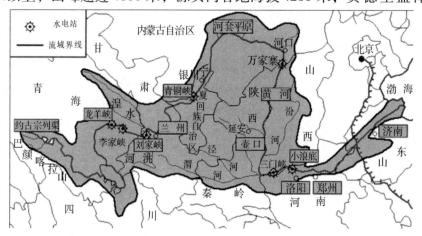

黄河流域示意图

江段是黄土高原地区，黄土高原东为吕梁西坡，南为渭河谷地，北与鄂尔多斯高原相接，西至兰州谷地；黄土高原海拔一般在 1000～1300 米，地形起伏不平，坡陡沟深，沟壑地面坡度 15～20 度，沟谷面积占 40%～50%，沟道密度 3～5 千米/平方千米，切割深度 100米以上；孟津以下进入地势低平的华北平原，海拔不超过 50 米，进入下游后河道平坦，平均比降只有 0.12%，水流变缓，泥沙大量淤积，河床高出地面 4～5 米；由于黄河多次改道，地面冲积出扇状的古河床和古自然堤，成为缓岗与洼地相间分布的倾斜平原，洼地比较开阔平展。

黄河从贵德至民和境内海拔在 1600～3000 米之间，从民和下川口进入甘肃，这一段气候温和湿润有"高原小江南"的美誉，水流清澈见底又有"天下黄河贵德清"的说法。宁夏的宁夏平原和内蒙古的河套平原，因为处在黄河上游的河谷地带，水源丰沛，灌溉便利，农业发达，水草丰美，因此被称为"塞上江南"。

2. 地形特征

中国大陆自西至东高低相差悬殊，为世界上所少有，而且是沿两条边界上陡然跌落，形成三个巨大的阶梯，在黄河流经的地域，这个特点表现得最为典型。

第一道边界为自祁连山迤逦转折向南，至滇西的横断山脉一线，即青藏高原的前沿。

这个高原表面的一般高度达到海拔 4000～5000 米，分布在上面的山脉峰峦的高度，更多超出了这个数字。而越过这道边界，地势骤降到海拔 3000 米以下，更可低到海拔 1000 米上下，甚至更低。

再向东去，沿大兴安岭、太行山、巫山、雪峰山至滇东高原东侧，又构成了一条地势陡然跌落的边界，在此边界以东，多为平原和低矮的丘陵，也有些山岭，但即使是在那里看起来很高的山岳，实际高度也不过 1000 多米，极少超过 2000 米的。如号称"五岳之首"的泰山，其最高峰的高度也仅有 1524 米，要是摆到西部去，简

直像个山中的侏儒。

青藏高原是三大阶梯中最高的一级，就地理形势来说，这里居高临下，最占优势。

公元七八世纪，吐蕃王朝曾以此为根据地，向外扩张，颇为顺利，就部分地凭借了这个优势，连处于鼎盛时期的唐王朝也不敢对它轻慢。但在这高原上，空气稀薄，气候寒冷多变，大部地区土地贫瘠，能够养活的人口有限，吐蕃的强盛终如昙花一现，而与在另外两个阶梯上繁盛起来的黄河文化结为一体了。

考古的发现证明，中国大陆上已有的新石器时代文化遗址大多分布在两个较低的阶梯上，尤以第二个阶梯上的黄土地带最为密集。大抵是最先在山间河谷两侧的平台上居住，创造了最早的文明；而当能走出山谷，进入辽阔的平原，治水排涝，"平上而居之"的时候，更达到了昌盛的程度。此时人们对黄河在这些地段流过的情况已相当了解，但对它的出处，对那处于最高位置的第一个阶梯，仍无正确的认识，只有个笼统的印象，那是个很高很大的地方，被称为昆仑。当时的人们认为，黄河就是从它的东北角流出的。

从昆仑到蓬莱，从高山到大海，在中国大陆，除了长江，只有黄河，自西而东穿越了这地形上的三大阶梯。水向低处流，在地球表面，这是一条铁的规律，地球的重力在无形之中起着作用。地势的高低决定着水的流向，所以位于这中国大陆的三大阶梯上的黄河要向东流，但这三大阶梯并不是均匀地降低高度，而地表又起伏不平，东部平原中有泰山这样的山丘，西部高原山地中也有不少较低的盆地和谷地。因此黄河不是直线地一泻千里，而且经过了许多曲折。从黄河发源处到大海的直线距离约为 2160 千米，而黄河的实际长度有 5464 千米。

水在地面流动时还始终遵守着一条规律，地势高低变化愈大时，流得愈快。而这个流动的速度和水量的多少，决定着它对地面的侵蚀能力和搬运泥沙的能力。在地势陡峭的地方，河水的侵蚀能力强，其主要是向下侵蚀，使河谷变得愈来愈深，两岸陡峭，形如 V 字；在地势低平的地方，河水流速变缓，向下侵蚀的作用减弱，但对两岸的侧面侵蚀作用却加强了。特别是当河流水面的高度接近于所注入的水体表面的高度时，向下侵蚀的作用几乎等于零，主要是对两岸的破坏。此时的河水还不仅是破坏，也在沉积。

河水在流动迅速时能夹带许多泥沙，当流速减慢时，搬运能力降低，就会有泥沙沉淀出来在水下堆积。如在河岸的凸出部位，或者水下有什么东西阻塞水流，那里的流速较缓，便会使泥沙在那里淤积，直至高出水面，成为沙洲、沙坝；河岸的凹入部分则受到侵蚀，愈来愈凹，平原地区的河流常特别弯曲，即有自身的作用。在河流入海的地方，地势最低，加上海水中溶解的氯化钠即食盐使悬浮在河水中的细微沙粒所形成的胶体状态受到破坏，产生沉淀，泥沙大量在河口附近堆积，造成陆地。中国大陆东部的平原，便主要是河流带去泥沙充填造成的，古代流传的"沧海桑田"神话，就是这一自然变化的反映。

到现在，这种填海为陆的作用还在进行，黄河河口的三角洲还在向大海推进。

黄河的奔流一方面为地形所决定，另一方面，通过它的活动，也在一定程度上改变着地面的形态。总的趋势则是这些在地面流动的水力求将陆地上高出海平面的部分夷平，同时将破坏后的产物带入海中，将海底垫高，把"精卫填海"的神话变为现实。

这些侵蚀和堆积的作用，最终受到河水流经地的海拔高度所控制。愈高受到剥蚀的程度愈强烈，因为万川归大海，所以河流的作用与这海平面相关；当然也有的河流注入内陆的湖泊中，则与湖面的高度相关了。

不过，影响地面形态变迁的主要因素，最终还是来自地球内部的力量，这些力量推动地壳的一些部分隆起成山，同时造成一些地区下缩成低谷、盆地，而且这些作用至今还在进行，尤以在中国大

陆为盛。比如泰山、太行山还在升高，而华北平原在相对下降，所以泰山虽经受了长期的剥蚀，仍保持有相当的高度，华北平原及其附近的海域，则长期成为积聚泥沙的场所。

在黄河流经的地区，不少地段在地球历史发展的近期有过上升或下降的活动，这是它以曲折盘绕的形态流向大海的基本原因。那些峡谷便是地壳上升与河流的侵蚀作用相结合的产物。因为如果这里的地壳是处于稳定的状态，由于河流的侵蚀，当河床的高度削减到一定程度时，向下的侵蚀作用减弱，转而为以向两岸侵蚀为主，这时河谷就要逐渐变得开阔起来，不会存在狭窄高峻的峡谷；但如此地壳在不断上升，因河流侵蚀而失去的高度会随即得到补偿，便能保持一直以向下侵蚀为主，河谷不断加深却难以拓宽，于是就会形成自非亭午夜分不见曦月那样陡峭的峡谷。

巡视黄河，我们可以看到，三大阶梯的地形变化，直接影响着黄河的活动，而不同地段黄河所具有的面貌特征，又反映出这些地方所经历的外貌到地下地质情况的变化。

当黄河在第一、第二两阶梯上流过时，这些地方由于海拔高，因而从总体上来看，是受到流水侵蚀的地区，成为黄河中泥沙的供给地。加上高低变化很大，如从河源到内蒙古托克托，流程3472千米，落差3840多米；从托克托到禹门口即传说中"鲤鱼跳龙门"的龙门，流程718千米，落差611米，蕴藏的水力资源都特别丰富。

当黄河流到河南省孟津，出宁咀峡，进入到最低一个阶梯上时，河道突然开阔，从宽300米剧增至宽3000米，而自此以下直至入海，再也不受峡谷的约束，水流的速度减缓，携带的泥沙一路上大量沉积，但每年仍有很多被带到河口，在那里填海为陆。

一般之中也有特殊。在西部的山地、高原中，局部地区地壳的沉陷，会使黄河也在那里淤积出肥沃的土地。千里黄河富一套，河套平原及其南边宁夏的平原的形成，就是这种地质变动的产物；黄河支流汾河、渭河能在一些地段造成平原，也有这个因素。另一方

面，我们也可以看到，在东部这个最低的阶梯上，仍有包括泰山在内的群山出现，而使齐鲁青未了。这个位于山东的丘陵山地，像一块砥柱矗立在黄河面前，黄河河口就在它的两侧摆动，将原来是烟波浩渺的大海填成陆地，而它这块最早隆起于海洋之中的地壳凸起部分，也从海中孤岛演变成挺立于平原之上的群山。

黄河及其支流，都有它发育的历史，经历过复杂的变迁，今天见到的"黄河西来决昆仑，咆哮万里触龙门"（李白），只不过是中国大地上沧桑变化的一个片断的场景。

（三）气候特征

黄河流域幅员辽阔，山脉众多，东西高低悬殊，各区地貌差异也很大。又由于流域处于中纬度地带，受大气环流和季风环流影响的情况比较复杂，因此，流域内不同地区气候的差异显著，气候要素的年、季变化大，流域气候有以下主要特征。

1. 光照充足，太阳辐射较强

黄河流域的日照条件在全国范围内属于充足的区域，全年日照时数一般达 2000～3000 小时；全年日照百分率大多在 50%～75% 之间；仅次于日照最充足的柴达木盆地，而比黄河以南的长江流域广大地区普遍偏多 1 倍左右。

黄河流域的太阳总辐射量在全国介于中间状况，北纬 37°以北地区和东经 103°以西的高原地带，为 130～160 千卡/平方厘米/年（1千卡 = 4.18 千焦）；其余大部分地区为 110～130 千卡/平方厘米/年，虽然不及国内西南部，尤其是青藏高原地区强，但普遍多于东北地区和黄河以南地区，为我国东部地区的辐射强区。

2. 季节差别大、温差悬殊

黄河流域地区季节差别大，上游青海省久治县以上的河源地区为"全年皆冬"；久治至兰州区间及渭河中上游地区为"长冬短夏，春秋相连"；兰州至龙门区间为"冬长（六七个月）、夏短（一两个

月）"；流域其余地区为"冬冷夏热，四季分明"。

温差悬殊是黄河流域气候的一大特征。总的来看，随地形三级阶梯，自西向东由冷变暖，气温的东西向梯度明显大于南北向梯度。年平均气温为 -4℃左右的最低中心处于河源的巴颜喀拉山北麓，流域极端最低气温出现于河源区的黄河沿站，曾有过 -53.0℃ 的记录（1978 年 1 月 2 日）。年平均气温为 12℃ ~14℃ 的高值区则位于黄河下游山东省境内，流域极端最高气温的纪录出现在河南省洛阳地区的伊川站，其值达 44.2℃（1996 年 6 月 20 日）。

黄河流域气温的年较差比较大，总趋势是北纬 37°以北地区在31℃ ~37℃ 之间。北纬 37°以南地区大多在 21℃ ~31℃ 之间。

黄河流域气温的日较差也比较大，尤其中上游的高纬度地区，全年各季气温的日较差为 13℃ ~16.5℃，均处于国内的高值区或次高值区。

3. 降水集中，分布不均、年际变化大

流域大部分地区年降水量在 200 ~650 毫米之间，中上游南部和下游地区多于 650 毫米。尤其受地形影响较大的南界秦岭山脉北坡，其降水量一般可达 700 ~1000 毫米，而深居内陆的西北宁夏、内蒙古部分地区，其降水量却不足 150 毫米。降水量分布不均，南北降雨量之比大于 5，这是我国其他河流所不及的。

流域冬干春旱，夏秋多雨，其中 6 ~9 月降水量占全年的 70% 左右；盛夏 7 ~8 月降水量可占全年降水总量的四成以上。流域降水量的年际变化也十分悬殊，年降水量的最大值与最小值之比约为1.7 : 7.5，变差系数 C_V 变化在 0.15 ~0.4 之间。

4. 湿度小、蒸发大

黄河中上游是国内湿度偏小的地区，例如吴堡以上地区，平均水汽压不足 800 帕，相对湿度在 60% 以下。特别是上游宁夏、内蒙古境内和龙羊峡以上地区，年平均水汽压不足 600 帕；兰州至石嘴山区间的相对湿度小于 50%。

黄河流域蒸发能力很强，年蒸发量达 1100 毫米。上游甘肃、宁

夏和内蒙古中西部地区属国内年蒸发量最大的地区，最大年蒸发量可超过 2500 毫米。

5. 冰雹多，沙暴、扬沙多

冰雹是黄河流域的主要灾害性天气之一。据统计，黄河上游兰州以上地区和内蒙古境内全年冰雹日数多超过 2 天，其中东经 100° 以西的广大地区多于 5 天，特别是玛曲以上和大通河上游地区多达 15～25 天，成为黄河流域冰雹最多的区域，也是国内的冰雹集中区。

沙暴和扬沙主要由大风所引起，并且与当地（或附近）的地质条件及植被状况密切相关。据统计，流域的宁夏、内蒙古境内及陕北地区，由于多年平均大风日数均在 30 天以上，区域内又有腾格里沙漠、乌兰布和沙漠和毛乌素沙漠，全年沙暴日数大多在 10 天以上，扬沙日数超过 20 天；有些年份沙暴最多可达到 30～50 天，扬沙日数超过 50 天。此外，在汾河上游和小浪底以下沿黄的河南省境内，还各有一个年沙暴或扬沙日数超过 20 天的区域，后者主要与黄河较大范围沙滩地的存在有关。

6. 无霜期短

黄河流域初霜日由北至南、从西向东逐步开始，并且同纬度的山区早于平原、河谷和沙漠。如黄河上游唐乃亥以上初霜日平均在 8 月中、下旬，而黄河中下游一般在 10 月上、中旬；流域其余地区在 9 月份。流域终霜日迟早的分布特点与初霜日正好相反，黄河下游平原地区较早，平均在 3 月下旬，而上游唐乃亥以上地区则晚至 8 月上、中旬，其余地区介于两者之间。

由此可见，黄河流域无霜期较短，即使是黄河下游平原地区，其无霜日也只有 200 天左右；而上游久治以上地区平均不足 20 天，可以说基本上全年有霜；流域其余地区介于两者之间。

（三）黄河流域的水文

黄河流域的万里长风既然已在很大程度上决定了气候，也就必

将进一步决定这里的水文。因为无论地表水还是地下水，水文状况虽要受到地质构造和地形的制约，但与之关系最为直接和深切的，毕竟还是随风而来的气温、降水等要素的变化。

地表水最为重要。黄河上游青藏高原一段有冰川、沼泽和湖泊，下游华北平原也有不少湖泊沼地。若考虑到历史时期的情况，连阴山南麓一带也存在过屠申泽这样东西狭长的大湖。冰川乃是巨大的固体水库，其留下的雪水滋润着附近地区，有构成了大河的源头。沼泽则滋生着多种生物，或有大量泥炭。咸水或淡水湖泊调节了周围的环境，提供了丰富的盐类、渔业和水资源。但与黄河人关系最大，也是我们着重叙述的，则是黄河及其支流和华北、山东的另一些大小河流。

这些河流的基本特点，首先，因它们所处的地理位置和我国降水从东南向西北逐渐减少的总态势，故流量较小。严格意义上的黄河流域，现今面积虽达 752443 平方千米，占全国总面积的 7.84%；年径流总量 574.46 亿立方米，只占全国相应总量的 2.21%。加上华北海河等各河及中段运河和山东半岛隔河流域，年径流总量为 1104.80 亿立方米，即使再加上支流多在黄河南侧山地和丘陵的淮河流域，合计年径流总量为 1455.80 亿立方米，仍只占全国的 5.06%。相比之下，不必说长江流域和珠江流域，仅浙闽沿海各河流域，面积虽只有 212694 平方千米，仅占全国的 2.22%，年径流总量却达到 2001.33 亿立方米，占了全国的 7.70%。

其次是东部丘陵平原和西部高原山地的河流间，水量有明显差异。东部的中段运河和山东半岛各河、华北海河各河，加上淮河各河流域，年径流总量达 881.34 亿立方米。其中中段运河和沂、沭、泗及山东半岛各河流域，面积为 140558 平方千米，仅占黄河三门峡以上流域面积 68.8 万平方千米的 20.43%，年径流量却达到 246.89 亿立方米，占了整条黄河及其全部支流的 42.98%。这种状态正是东部距海近而湿润，西部距海远而干燥的结果。

三是由于水量补给来源的差别及其季节性变化，这些河流的水量，在冬春和夏秋丰枯悬殊，反差强烈。这里的冬季天寒地冻，冰雪难融，降水稀少，地下水补给随之减少，故河流大多冰封，水量骤减以致干涸，越往西北越明显。春季以后气温渐高，冰雪融化，降水增加，大河小川便开始进入汛期。尤以盛夏大雨集中，更成咆哮泛滥之势。夏季径流量一般都要占到全年的50%以上，个别如陕北无定河一次大暴雨所产生的径流，可高达全年的86%。总的则愈向东南，依赖于雨水补给的程度愈高，夏季径流量也愈大。

四是在大面积疏松黄土和流水的互相作用下，各河含沙量普遍较多，其中又以黄河及中游各支流和盛夏丰水期为甚。按现代多年平均含沙量计，黄河陕县段约为37.7千克/立方米，暴雨季节可达1000千克/立方米。泾河达171千克/立方米，而祖厉河竟高达476千克/立方米。陕北的无定河流域，年输沙量达两亿多吨，占黄河三门峡以上年输沙总量的1/6，而其汛期三个月的输沙量，又占到全年的87%。除黄河流域外，华北各河含沙量也远较长江年均0.575千克/立方米为多，官厅水库修建前的永定河高达60.8千克/立方米。

以上四大特点的形成虽与人类活动相关，各历史时期也随草原、森林和水土保持的情况而有所变迁，但归根到底，变动的前提和决定性因素，却是大自然本身。尤其是季风，更在既定地质和地形的基础上扮演了最为重要的角色。事实上，河川径流的状况不过是地表径流状况的集中表现。除青藏高原外，黄河所经地区的年均地表径流深度是：从秦岭淮河一线的200毫米上下（山东半岛西南可近400毫米），向西北大致到黄河中游下段包括山西高原和黄土高原大部，降低至50毫米，这是介于多水与少水区的过渡带；再到黄河中游上段的西部，降低至5～10毫米，为少水以至缺水地带，无灌溉即无农业。这种从东南向西北地表径流深度越益降低，地表水越益稀少的态势，正式季风的影响越益微弱，年均降水量依次减少而蒸发量相应增大的结果，也与这里河流的状态若合符契。从总水量较

少、东西部河川水量的差异，到丰枯期的变化和集中于夏季的含沙量，各河流的这些特征，都十分明显地体现了季风的作用。

地下水与地表水密切相关，同时有赖于地质构造与地形。黄河上游青藏高原厚厚的冻土层下，有大量地下水，并往往露出一些水质极好的不冻泉。黄河中游及其支流的河川谷地直至下游高于地面的河床两侧和古河道上，通常是充水丰富的地带。黄土高原低下的砾石层中和砂礓层上，也有或多或少的水流及水层，但除河谷外，总体上较为贫乏，埋藏较深。黄河中游西北部的鄂尔多斯高原地带，由于较厚的渗水层和底下的隔水层，因面有丰富的潜水，某些低洼处水位距地面仅 1～2 米。山西高原的各种岩溶、基岩裂隙和沉积孔隙中，蕴含着多少不等的地下水，并随地形起伏向低处汇集。华北平原西部含水层厚，水质好，埋藏亦浅，向东则埋藏较深，水层变薄，而且开始从微咸、咸水变为滨海一带的咸水和盐水。黄河以南和以北的地下水状况也有不同。华北平原与山东丘陵相交处和山东半岛上的低地、谷地，由于较多的地表水补给和较好的储水构造，形成了众多的地下径流。此外，青海东部、太行和吕梁山区、渭河谷地、豫西山地等处，又由于地质条件而散布着不少温泉和矿泉。这些地下水，都在一定程度上调节和平衡着本地区的水量，特别是在干旱地区，更构成了生命之源，从而使不毛之地也洋溢起勃勃生机。

（四）植被和土壤

如果说人类在高深莫测的地形、地貌、气候、水文面前显得相当软弱，而且往往无能为力的话，那么，他们对大地表面植被和土壤的作用，就相当直接和巨大了。迄今为止，人类对地貌气候水文的影响，仍然主要是通过对植被和土壤的干预能力而简介体现出来的。而土壤和植被，又在地形地貌气候水文的制约下，呈现了紧密相依的关系。

这是一个人们大有作为而又无可奈何，天人之际和谐与冲突错

综交织的过程。黄河流域植被和土壤类型的水平分布，大致与此地域的多水带、过渡带、少水带和缺水带相对应而略有出入。即由东南而西北，整个华北平原、山东丘陵到秦岭北麓山西高原南端和渭河谷地，为暖温带落叶阔叶林——棕壤、褐土区；到黄河中游吕梁山北部斜向六盘山、岷山一线，过渡为暖温带、温带森林草原——黑垆土、黑钙土区；从河套东端斜向祁连山东端一线，变为温带草原——栗钙土、风沙土区。而黄河上游青藏高原一段，属高寒草原——高山草原土区。

山地的植被和土壤，又随高度而呈垂直分布。大致东南多水带和过渡带的山地，主要因热量的差异由低而高，依次从落叶阔叶林——棕壤到针叶落叶阔叶混交林——暗棕色森林土，再到山顶落叶阔叶灌丛、亚高山草甸——山地灌丛草甸土。而西北过渡带和缺水少水带的山地，则主要因湿润程度的变化，由低而高，依次从荒漠草原——荒漠土、继而各种针叶林——山地灰褐色森林土再到亚高山灌丛草甸——山地黑钙土、高山草甸土，再往上为寒冻风化带以至雪线。除以上水平和垂直分布概况外，许多地区又因地形地貌气候水文状态而夹杂着或广或狭的盐生植被——盐渍土、沙丘植被、沙土等隐域性植被和土壤。

这些已被专家们反复抽象过了的植被和土壤类型，实际上说明着黄河流域在这方面所曾经历的沧桑反复。

从森林草原等名词中，我们可以想象到黄河人开始崭露头角的五六千年以前，这里所有过的大片绿荫和沃壤。如前所述，那正是一个比今天为温暖和湿润的时期。因而从高原到平原，从山地到丘陵，到处草木郁葱。特别是在大面积疏松肥沃的黄土和次生黄土上，更是林密兽走，草长莺飞。如果我们考虑到森林和草原的大量败根腐叶、枯木朽株的日积月累，那么这草繁林茂的植被状态，意味的自然便是暗色的良壤美土。在此立足的黄河人，正是由此踏上以农为本的发展之路的。

但黄河人的天人合一，与其说是一种已经达到的地步，不如说是难以企及的境界；与其说是经验，不如说是教训。因为总体地看，原始植被和土壤的不断缩小，耕作面积的日益扩大，以及与之相伴随的一系列过程，必然会使地形地貌气候水文不利的一面失去有力的屏障，结果破坏了原有的地表循环，导致水土的流失，甚至形成恶性循环。因此，在一个个黄土高坡日益变得支离破碎的事实中，尤其是从荒漠土、盐渍土和沙土等名词中，我们又知道了黄河人在辛勤耕耘，享受丰收喜悦之余，还必须去啃另一种果实。直至今天，这里绝大部分地区的原始植被早已绝迹；平原和山地高原的低平之处，已成为人工栽培植被和耕作土壤，同时夹杂着一片又一片盐生、沙生植被；理论上的森林区和草原区，实际上只有稀疏的次生树木和杂草，以至于荒漠戈壁、光山秃岭。这就反映了在此之前，黄河流域因人与自然交相作用而经历的多次折腾。

事实上，即使是黄河上游的高山草原、河川谷地，也早因人类的活动而在人工植被和次生植被间反复。

（五）干流峡谷

黄河干流峡谷共有 30 处，上游河段 28 处，中游河段 2 处。下游河段流经华北平原，没有峡谷分布。干流峡谷段累计长 1707 千米，占干流全长的 31.2%，占上中游河段总长的 36.5%。其分布特点，主要集中在上游的拉加峡至虎峡、中游的河口镇至禹门口及三门峡至小浪底间，这三段河道长 2027 千米，其中峡谷长 1410 千米，峡谷长占河道长的 69.6%。峡谷如此集中分布，究其原因，是由于水系发育与地质构造的结果。

黄河水系发育，主要受阴山—天山、秦岭—昆仑两大纬向构造和祁（连山）吕（梁山）贺（兰山）山字形构造体系的控制。当流经古湖盆之地，则坡降平缓，极少峡谷，如河源段、宁蒙段及下游河段等；当流经构造体系之间，则坡降陡峻，出现诸多峡谷，或长

或短，有的峡谷与川地相间，形成串珠式长峡；有的峡与峡相连，长峡中套有若干短峡，各具风格。

黄河自河源东流 22 千米，在约古宗列盆地和玛涌盆地之间，出现黄河干流第一个峡谷，称茫尕峡，长 18 千米。再东行经过扎陵湖、鄂陵湖，过玛多县城 29 千米，便进入黄河干流第二个峡谷，称多石峡，长 23 千米。这两个峡谷属河源区的宽浅型峡谷，谷底宽 400 ~ 1000 米，谷深仅 100 米左右。实际上，这是上下两个盆地间的曲颈部位，如不留意，身在峡谷还不知峡谷之所在。

黄河出多石峡后，穿行于阿尼玛卿山（积石山）和巴颜喀拉山之间的平川宽谷中，流过 321 千米，便进入麦多唐贡玛峡和官仓峡。前者长 51 千米，后者长 198 千米，中间夹一长 33 千米的平川宽谷河段。这两个峡谷蜿蜒曲折，谷底宽 200 米左右，深 100 ~ 200 米，河道比降 1.2‰左右。这一河段，位于青藏高原"歹"字形构造体系的头部，河道两岸出露基岩以二叠、三叠系砂岩、板岩和页岩互层为主，由于褶皱强烈，断层、节理、裂隙发育，岩石风化，破碎严重。加之人烟稀少，交通不便，目前开发条件尚差。

黄河出官仓峡后，仍向东南流，遇岷山阻挡，则绕积石山脚转向西北流，然后进入拉加峡。黄河自拉加峡至虎峡，进入多峡谷河段，流经青海、甘肃和宁夏境内，河道长 1169 千米，其间分布有长短峡谷 23 个，峡谷段累计长 583 千米，占该段河道长 50%，其余河段则为 22 个川地。峡谷如此之多，究其原因是该河段流经青藏高原和黄土高原的接合部位，地质构造比较复杂，主要受祁吕贺山字形构造体系、河西构造体系、陇西帚状旋扭构造体系和东西纬向构造体系控制，形成一系列东西向、北西—南东向的山脉排列，黄河在此，穿行于秦岭西段、祁连山东段、六盘山以北与陇西地块之间，多与这些山脉走向斜交或正交，并沿构造线强烈下切，因而出现许多峡谷和川地。

该河段的峡谷，自上而下是：拉加峡、野狐峡、拉干峡、龙羊峡、阿什贡峡、松巴峡、李家峡、公伯峡、积石峡、寺沟峡、刘家峡、牛鼻子峡、朱喇嘛峡、盐锅峡、八盘峡、柴家峡、桑园峡、大峡（下峡）、乌金峡、红山南峡、红山北峡、黑山峡、虎峡。已建成龙羊峡、刘家峡、盐锅峡、八盘峡、大峡、李家峡水电站。其中最长的峡谷是拉加峡，长 216 千米；最短的是牛鼻子峡，长 3.3 千米；最陡的是龙羊峡，长 38.6 千米，落差 235 米，两岸悬崖壁立，高 100～200 米，河床宽仅 20～40 米，水流湍急，河底暗礁密布，龙羊峡水电站蓄水期间，曾派人查勘过石门一带河床，发现河中许多直立的岩石，有的如刀，有的似剑，犬牙交错，蔚为壮观，马鞍山漂流队曾在此失利；最窄的峡谷，首推野狐峡，它位于青海省同德、贵南县境，左岸为 40～50 米高的石梁，右岸峭壁高百余米，两岸相距很近，河宽仅 10 余米，据说野狐能从右岸跳到左岸，因而得名，称野狐峡。

黄河出虎峡后，流向北东，在"塞上江南"的银川平原和（中）卫（中）宁平原之间，则是有名的青铜峡。它的地位十分重要，从质构造来看，贺兰山、六盘山呈南北纵向分布，组成祁吕贺"山"字形构造体系的中轴，在这中轴的上下两段的接合部位，出露了一段寒武、奥陶系石灰岩和砂页岩互层，质地坚硬致密，构成青铜峡，长 8.2 千米，河谷呈梯形，谷底宽 250 米，两岸高 50～100 米，为修建水坝提供了条件。

黄河出青铜峡后，仍向北流，再转东流，至河口镇折转南下，进入另一个长峡，即晋陕峡谷。黄河在青铜峡至河口镇之间，流程 868 千米，两岸无山岳对峙，除石嘴山至三盛公有一段长 140 千米的相对窄河段外，其余均为宽浅河床，无峡谷出现。已建工程有三盛公水利枢纽。

至河口镇后，受吕梁山所阻，便折转南流至禹门口，飞流直下 725 千米，构成黄河第一长峡，水面高程由 984 米降至 377 米，将黄土高原劈为两半，东岸为山西省，西岸为陕西省，带水相邻，故称晋陕峡谷。黄河在此长峡中，无大的回流曲折，始终保持北南流向，这是由于地质构造与水系发育的结果。约在第四纪初期，山西、陕西之间还是一个比较低洼的地带，东有吕梁山高地，西有鄂尔多斯台地隆起，黄河则沿着鄂尔多斯台地东缘这个低洼地带奔流，顽强地切割沿途的古老地层，天长日久，遂形成峡谷型的河道。如今，沿着峡谷行走，可以看到峡谷的基岩构造较为简单，除上段喇嘛湾至龙口约100千米河段、天桥附近和下段禹门口以上约10千米河段为寒武、奥陶系石灰岩外，其余均为二叠、三叠系砂岩页岩互层，峡谷形态比较单一，无忽宽忽窄之处，一般都是梯形河谷，谷底宽200～400米，水流湍急，左右淘刷，使两岸呈不对称的陡崖峭壁，出水面数十米至百余米。峡谷沿途只有清水河、河曲、府谷附近的河谷较宽，有较多的川地分布，并有县城所在。其余河段仅在凸岸有零星窄条川地，谷底极少村庄。晋陕长峡谷中的窄谷，出现在峡谷的石灰岩区，如上段的万家寨、龙口，下段的龙门，都是修建水电站的好地点，已建工程有万家寨水电站、天桥水电站。这里两岸悬崖壁立，高出河床数十米至百余米，谷底宽仅百余米，水流湍急，险象环生。其中最窄处是禹门口上游5千米处的石门，谷底宽仅90米，两岸由两块巨石夹峙，高约100米，形如两扇石门，卡住黄河，因而称石门，水流从门内喷射而出，气势雄伟壮观。

　　黄河出禹门口后，进入古汾渭盆地，继续南流至潼关，受秦岭所阻，便折转东流，直趋三门峡，流程238千米。潼关是一个850米宽的卡口，将黄河分为两段，上段由禹门口至潼关，河谷开阔平坦，谷宽3～15千米，两岸滩地连片，河床左右摆动，素有"三十年河东，三十年河西"之称。下段由潼关至三门峡，是相对较窄的黄土河谷，谷宽1～2千米，宽处可达5千米，两岸为黄土阶地，高出河水面数十米，河床比降平缓，现为三门峡水库区。

　　黄河自三门峡至小浪底，仍向东流，穿行于中条山与崤山之间，构成黄河又一个较长峡谷，北岸为山西省，南岸为河南省，故称晋

豫峡谷。本段峡谷长133千米，河谷基岩大部为二叠、三叠系砂页岩，多为梯形河谷，谷底宽200~800米不等。较宽河段两岸有川地分布，村庄人口较多。本河段内还有几处更为狭窄的河段，两岸悬崖峭壁，可称为峡谷中之窄峡。它们是：三门峡，河谷基岩为闪长玢岩，河宽仅170米，现已建成三门峡水利枢纽；任家堆，河谷基岩为震旦系石灰岩，河宽200余米；八里胡同，河谷基岩为寒武、奥陶系石灰岩，河宽仅200米；小浪底，是黄河干流最末一个峡谷，河谷基岩为二叠、三叠系砂页岩，河宽300余米，是修建水坝的优良地址，小浪底水利枢纽就位于此处。黄河出小浪底后，流经华北平原，再无峡谷出现。

（六）河流分段

黄河上、中、下游的分界有多种说法。黄河水利委员会以河口镇与桃花峪划分上、中、下游；传统的中学教科书以河口镇与孟津划分上、中、下游；学者杨联康经考察后认为以青铜峡、孟津划分更合适；学者许韶立主张以河南省焦作市武陟县嘉应观作为黄河中下游分界线。下面为黄河水利委员会的划分方案。

1. 上游

内蒙古托克托县河口镇以上的黄河河段为黄河上游。上游河段全长3472千米，流域面积38.6万平方千米，流域面积占全黄河总量的51.3%。上游河段总落差3496米，平均比降为1‰；河段汇入的较大支流（流域面积1000平方千米以上）43条，径流量占全河的54%；上游河段年来沙量只占全河年来沙量的8%，水多沙少，是黄河的清水来源。上游河道受阿尼玛卿山、西倾山、青海南山的控制而呈S形弯曲。黄河上游根据河道特性的不同，又可分为河源段、峡谷段和冲积平原三部分。

从青海卡日曲至青海贵德龙羊峡以上部分为河源段。河源段从卡日曲始，经星宿海、扎陵湖、鄂陵湖到玛多，绕过阿尼玛卿山和西倾山，穿过龙羊峡到达青海贵德。该段河流大部分流经于三四千米的高原上，河流曲折迂回，两岸多为湖泊、沼泽、草滩，水质较清，水流稳定，产水量大。河段内有扎陵湖、鄂陵湖，两湖海拔高程都在 4260 米以上，蓄水量分别为 47 亿立方米和 108 亿立方米，为中国最大的高原淡水湖。青海玛多至甘肃玛曲区间，黄河流经巴颜喀拉山与阿尼玛卿山之间的古盆地和低山丘陵，大部分河段河谷宽阔，间或有几段峡谷。甘肃玛曲至青海贵德龙羊峡区间，黄河流经高山峡谷，水流湍急，水力资源丰富。发源于四川岷山的支流白河、黑河在该段内汇入黄河。

从青海龙羊峡到宁夏青铜峡部分为峡谷段。该段河道流经山地丘陵，因岩石性质的不同，形成峡谷和宽谷相间的形势：在坚硬的片麻岩、花岗岩及南山系变质岩地段形成峡谷，在疏松的砂页岩、红色岩系地段形成宽谷。该段有龙羊峡、积石峡、刘家峡、八盘峡、青铜峡等 20 个峡谷，峡谷两岸均为悬崖峭壁，河床狭窄、河道比降大、水流湍急。该段贵德至兰州间，是黄河三个支流集中区段之一，有洮河、湟水等重要支流汇入，使黄河水量大增。龙羊峡至宁夏下河沿的干流河段是黄河水力资源的"富矿"区，也是中国重点开发建设的水电基地之一。

从宁夏青铜峡至内蒙古托克托县河口镇部分为冲积平原段。黄河出青铜峡后，沿鄂尔多斯高原的西北边界向东北方向流动，然后向东直抵河口镇。沿河所经区域大部为荒漠和荒漠草原，基本无支流注入，干流河床平缓，水流缓慢，两岸有大片冲积平原，即著名的银川平原与河套平原。沿河平原不同程度地存在洪水和凌汛灾害。河套平原西起宁夏下河沿，东至内蒙古河口镇，长达 900 千米，宽 30~50 千米，是著名的引黄灌区，灌溉历史悠久，自古有"黄河百害，唯富一套"的说法。

2. 中游

内蒙古托克托县河口镇至河南孟津的黄河河段为黄河中游，河

长 1206 千米，流域面积 34.4 万平方千米，占全流域面积的 45.7%；中游河段总落差 890 米，平均比降 0.74‰；河段内汇入较大支流 30 条；区间增加的水量占黄河水量的 42.5%，增加沙量占全黄河沙量的 92%，为黄河泥沙的主要来源。

河口镇至禹门口是黄河干流上最长的一段连续峡谷——晋陕峡谷，河段内支流绝大部分流经黄土丘陵沟壑区，水土流失严重，是黄河粗泥沙的主要来源，全河多年年均输沙量 16 亿吨中有 9 亿吨来源于此区间；该河段比降很大，水力资源丰富，是黄河第二大水电基地；峡谷下段有著名的壶口瀑布，深槽宽仅 30～50 米，枯水水面落差约 18 米，气势宏伟壮观。

禹门口至三门峡区间，黄河流经汾渭平原，河谷展宽，水流缓慢。河段两岸为渭北及晋南黄土台塬，是陕、晋两省的重要农业区。该河段接纳了汾河、洛河、泾河、渭河、伊洛河、沁河等重要支流，是黄河下游泥沙的主要来源之一，多年年均来沙量 5.5 亿吨。该河段在禹门口至潼关（即黄河小北干流）的 132.5 千米河道，冲淤变化剧烈，河道左右摆动很不稳定。该河段在潼关附近受山岭约束，河谷骤然缩窄，形成宽仅 1000 余米的天然卡口，潼关河床的高低与黄河小北干流、渭河下游河道的冲淤变化有密切关系，故此有"潼关高程"这一水文术语。

三门峡至桃花峪区间的河段由小浪底而分为两部分：小浪底以上，河道穿行于中条山、崤山之间，为黄河干流上的最后一段峡谷；小浪底以下，河谷渐宽，是黄河由山区进入平原的过渡地段。

3. 下游

河南孟津以下的黄河河段为黄河下游，河长 786 千米，流域面积仅 2.3 万平方千米，占全流域面积的 3%；下游河段总落差 93.6 米，平均比降 0.12‰；区间增加的水量占黄河水量的 3.5%。由于黄河泥沙量大，下游河段长期淤积形成举世闻名的"地上悬河"，黄河约束在大堤内成为海河流域与淮河流域的分水岭。除大汶河由东

平湖汇入外，本河段无较大支流汇入。

下游河段除南岸东平湖至济南间为低山丘陵外，其余全靠堤防挡水，堤防总长 1400 余千米。历史上，下游河段决口泛滥频繁，给中华民族来了深重的灾难。由于黄河下游由西南向东北流动，冬季北部的河段先行结冰，从而形成凌汛。凌汛易于导致冰坝堵塞，造成堤防决溢，威胁也很严重。

下游河段利津以下为黄河河口段。黄河入海口因泥沙淤积，不断延伸摆动。目前黄河的入海口位于渤海湾与莱州湾交汇处，是 1976 年人工改道后经清水沟淤积塑造的新河道。最近 40 年间，黄河输送至河口地区的泥沙平均约为 10 亿吨/年，每年平均净造陆地 25～31 平方千米。

（七）黄土高原及其景观

关于黄土高原的形成原因，虽众说纷纭，但概括起来，有风成、水成及风化残积成土三大类。多数学者认为，黄土高原的形成过程，

黄土高原分布图

主要是经过风力的搬运和堆积作用后，再经受水流等其他外力作用的改造，形成了大量的不同种类的黄土，逐步堆积成现在的黄土高原。

在黄土高原的西北面是广阔的亚洲内陆，那里有寸草不生的戈壁，有流沙滚滚的腾格里沙漠、乌兰布和沙漠和鄂尔多斯高原的毛乌素沙地等。这些沙石分布的不毛之地，温差较大，大的岩石在热胀冷缩作用下，先是由大块崩解成小块，由小块再变成粉末，长年累月之后，遍地散布着粗细不分的岩石碎屑，这就是黄土高原的物质来源。强烈的西北气流，将亚洲干旱内陆岩屑物质夹带运移，粗粒的重量大，掉在戈壁东南外围而成沙漠、沙地；细粒的重量小，被夹带落在沙地的东南地区，即形成黄土高原。

黄河流出巴颜喀拉山后，便进入了黄土高原。黄土高原一般西起祁连山，东至太行山，北沿长城为界，南到秦岭北坡，连续分布面积达 40 多万平方千米，黄土堆积厚度从数 10 米到 400 多米。黄土高原除因地势相对较高外，还因这个高原是由厚层黄土连续堆积而成，故名黄土高原。它是我国自西向东在地形上形成的三大阶梯地形的第二个阶梯地形的组成部分。黄土高原内部以六盘山和子午岭为界可为三部分，六盘山以西为西部黄土高原，主体部分位于甘肃省东南部地区，统称陇中黄土高原；六盘山以东至子午岭间为中部黄土高原，主体部分位于甘肃省东部和宁夏南部地区，统称陇东黄土高原；子午岭以东至吕梁山之间为东部黄土高原，主体部分位于陕西省北部和山西省西部地区，统称陕北黄土高原。

黄河上中游地区的黄土高原的黄土分布，无论是面积还是厚度，都居世界之冠。它的范围大致是北起阴山，南至秦岭，西抵日月山，东到太行山，横跨青海、宁夏、甘肃、陕西、山西、河南 6 省区，面积 64 万平方千米。黄土覆盖厚度一般在 100 米以下，而以陇东、陕北、晋西黄土层最厚，六盘山以东到吕梁山西侧，黄土厚度在 100～200 米之间，最厚在兰州，达 300 米以上。

1. 自然环境

黄土高原西高东低，陇中黄土高原海拔一般 1800～2000 米，部分山岭高于 3000 米；陇东黄土高原一般海拔 1400～1600 米；陕北黄土高原一般 1200～1400 米；高原内沟谷纵横。高原以西，山脉走向以北西向为主，主要有拉脊山、祁连山和南华山等；中部和东部多为中山，南北走向分布，有六盘山、子午岭和吕梁山等。黄河干流自兰州进入黄土高原后，蜿蜒曲折，流路多变，并汇集了众多的支流。陇中黄土高原上的支流在黄河两岸不对称，呈直角状分布，陇东和陕北黄土高原支流密度大，黄河两岸均有分布，支流多呈树枝状。

黄土高原属半干旱大陆性季风气候区，冬季为较强的西伯利亚高压冷气团控制，西北风盛行，气候寒冷，雨雪稀少。夏季受太平洋和印度洋低槽的影响，盛行东南、西南季风，雨水增多。受纬度和区域地形及环境的影响，黄土高原降水量地区差异很大，多年平均降水量从西北向东南呈递增趋势。降水量的年际变化一般较大，丰水年可为枯水年的 1～3 倍，如青海为 2.16～2.87 倍，甘肃为 1.6～3 倍，宁夏最大可达 3～7 倍。这种年际变化尤以黄土区和沙漠边缘区最为显著。黄土高原降水量年际变化有一定的周期性，一般丰水年与枯水年以 4～7 年到 6～8 年为周期交替出现。由于受大陆性季风气候的影响，黄土高原年内降水量丰、枯季节亦十分明显，雨季多集中在 7～9 月份，每年 7～9 月降水量占全年降水量的 50%～80%，这种丰、枯季节的差别越往北越明显。除了雨季集中的特点外，春旱是黄土高原地区另一显著气候特点。每年 2～3 月份降水量仅占全年降水量的 3%～6%，造成地表干裂、土层剥落、沟壁张裂。黄土高原降水高度集中，多以暴雨形式降落，一年中的降水量仅在几次大暴雨就可能降下全年水量的 50% 以上。

黄土高原的植被具有水平方向和垂直方向上分带的特点。受气候的地带性影响，黄土高原的植被自南向北依次分布为暖带落叶阔

叶林带、温带草原带和温带荒漠带等大的植被带类型。由于受地形变化的影响，从山麓到山顶，随海拔的增高，气候土壤条件也随之发生变化，导致植被类型的垂直分带分布。垂直分带类型基本上是由山麓的草原灌丛带向山上过渡为针阔叶混交林带—针叶（或阔叶）林带，直到亚高山（或高山）草甸（草原）带，另外阴坡和阳坡的植被类型也，有很大差别。

秦汉以前的 2000 多年里，黄土高原地区总人口为 850 万～900 万。汾河渭河盆地和豫西是人口比较集中的中心地区，有人口 450 万～600 万人，占本区人口总数的 50%～60%，其余 50 多万平方千米面积只有 250 万～300 万人，平均密度为每平方千米 5～6 人。除河谷平原区外，大部分丘陵山区几乎无人居住。秦汉以后，人口渐增，经隋唐至明代，黄土高原人口一直在 1000 万～1500 万之间，丘陵山区的人口密度一般每平方千米不超过 10 人。到了清代，黄土高原人口剧增，基本奠定了今日人口的基础。清代以前黄土丘陵区是每平方千米 10 人的人口密度，一般聚居在靠近水源的河谷地带，依靠梁、峁中的中型河谷平原和平缓的塬、梁斜坡等耕地还可以维持居民的一般生活，对离居民点较远的黄土丘陵山区的自然环境也影响较小。清代及其以后，黄土高原人口密度增加到每平方千米 30～100 人。

人类的生活规模和活动范围不断扩大，如大规模地砍伐丘陵山区的森林，大面积的垦荒放牧，不仅对河谷平原区的自然环境造成严重影响，也对黄土丘陵、沟壑侵蚀产生极大的影响。1985 年，典型的黄土丘陵沟壑区人口为 8139 万，密度已增至每平方千米 200 人，约是秦汉时期的 100 倍。1985～1990 年，黄土高原区实际人口增长率已超过 2%，达到 9031 万人，原来预计人口自然增长率为 1.66%，到 2000 年达到 10417 万人，但实际上人口的增长可能要突破这一数字。人口的大幅度增加对土地的承载形成沉重的压力。

规模的林木砍伐，大面积垦荒，连年广种薄收，越种越收越贫

穷的恶性循环，使黄土高原区的自然资源的供求关系严重失去平衡，加剧了水土流失和土地荒漠化的进程。

2. 黄土高原地貌

（1）黄土高原地貌形成因素

黄土高原区域地形地貌的发育特征，是受本区晚新生代以来新构造运动的控制形成的。晚第三纪强烈的剥蚀侵蚀作用，使大量的基岩山区剥蚀造成的泥、砂等碎屑物质堆积在山前低洼地带或一些盆地中，形成红色黏土、砂黏土及黏少土为主的晚第三纪地层。在第三纪末塑造成了黄土高原残留的基岩山区，低山山前带盆地边缘区和盆地区三种类型的古地貌格局。进入第四纪时期以来，黄土高原全区处于不断的区域性上升活动中。从区域上升幅度来看，黄土高原内中低山上升幅度较大，上升速率平均每年约0.8毫米。黄土丘陵沟壑区及北部沙漠高原区为弱上升区。黄土高原的北部如白于山、华家岭一带上升比较强烈。高原的南部渭河盆地为一沉降盆地。自第三纪后期以来，至今一直呈下沉状，沉降的幅度很大。从盆地中堆积的第四纪沉积物厚度来分析，至少沉降幅度在千米以上。黄土高原北部的上升与南部的沉降形成很大的差异性升降运动，这一运动趋势至今仍在继续着。这一特殊的新构造运动控制了整个黄土高原水系发育的主导方向和河流的发育历史。它也是塑造黄土高原地貌格局的基本动力。

黄土高原区内分布的河流有洮河、庄浪河、祖厉河、渭河、泾河、洛河、延河、无定河、窟野河、清水河等，这些河流都是黄河的主要支流。它们在流域范围内的侵蚀和堆积作用，对黄土高原地貌形态的形成和发展也产生了重要的影响。各水系发育历史各自不同，产生的影响也各不相同。

渭河是本区内仅次于黄河的最大水系，它包括了流域面积很大的泾河、洛河、葫芦河等支流，有较长的发育历史，它们自早更新世以来先后形成。渭河有四级高于河漫滩的阶地，一般一、四级阶地阶面广阔，比较发育，二、三级阶地阶面较窄。渭河上游（天水以上）河段是在一些第三纪盆地基础上发育形成的，因而有十分宽阔的河谷阶地。泾河是渭河最大支流，泾河的上游段称马莲河及环江，都保留有宽阔的古河谷地形，说明该河段形成历史较早。渭河的另一较大支流是洛河，（注：黄土高原有两个洛河，此处系指在陕西境内的洛河，又称北洛河；在河南的伊洛河的一个支流也叫洛河。）有着更为复杂的发育历史。洛河一般有三或四级阶地，洛河上游河段分布着早更新世的湖相沉积，在吴旗附近第四纪早期的古湖沉积厚达百余米；类似的古湖相沉积在洛河河谷多处可见。表明洛河是在这些古湖泊消失时串联而成的。从古水文条件来看，第四纪早更新世后期至中更新世初期洛河的水量要比渭河的小得多。不论是泾河，还是洛河，它们的下游流入古渭河沉降盆地时均为峡谷状河谷。

无定河是仅次于渭河的黄河一级支流，它的上游河段称为红柳河，切穿晚更新世早期形成的古湖盆，现在已被掩埋在毛乌素沙漠之下了。无定河中、下游发育有四级阶地，且有侵蚀阶地。其中一级阶地阶面宽，发育好，二、三级阶地阶面较窄，前缘呈陡坎，阶地面被侵蚀成峁状，四级阶地很少残留，亦呈峁状。

祖厉河位于六盘山以西，自南而北流入黄河，它发育在靖远这个较大的断陷盆地内。河谷内可见四级阶地，其中第二级阶地最发育，阶面非常宽阔，三级阶地阶面很窄，因被侵蚀破坏常成峁状。六盘山北部的清水河和南侧的葫芦河，前者向北流入黄河，后者南流入渭河，它们都是发育于古盆地中的河流，在盆地范围内河谷宽阔，阶地发育完整。

上述这些主要水系，对黄土高原大的地貌格局和微地貌形态的形成、发展和演化都产生了极为深刻的影响。造成了具有地区性特点的黄土地貌。

黄河及其大小支流，以及这些支流形成的沟谷，将高原的厚层的黄土侵蚀、切割成支离破碎的黄土塬、黄土梁和黄土峁为主的侵蚀残留的丘陵地形。黄土高原的群众把这些河流沟谷之间残留的地表坡面倾斜在10°以下的地面形态称之为"塬"。由于塬面较为宽阔、平坦，是最好的耕种土地；"塬"的四周均为沟谷，坡陡谷窄，常发生滑坡、崩塌等现象；那些残留的长条状地形，顶部黄土地面倾斜坡度一般大于110°，约在20°～30°，坡面较长，易于被地表径流侵蚀；另一些是侵蚀残留的孤丘状地形，顶部平坦，面积较小，坡面是向四周倾斜，呈丘状，被称为黄土"峁"。在这三类不同的黄土地形上，发生不同程度的土壤侵蚀作用，产生不同程度的水土流失。

（2）黄土地貌类型及其分布规律

（a）黄土塬

黄土塬

由黄土堆积在倾斜平缓的古地形面上，如古盆地山前地带或山间盆地内形成大面积较大的黄土平原，这种地形称黄土塬，如甘肃的西峰塬，陕西的洛川塬等。塬面平坦，面积不等，一般有几十平方千米。黄土塬一般表部平坦，或微有起伏，黄土堆积厚度较大。塬面周边为沟谷环绕，由于现代沟谷的溯源侵蚀和切割，一般塬面边缘都呈支离破碎、参差不齐的形状，少数冲沟甚至伸进塬面，将塬面分割成若干块，各块间有时有一小鞍部或黄土梁相连，有的中间形成浅沟，将塬面隔离成两块。沟谷的进一步溯源侵蚀，使宽阔平坦的塬面逐渐缩小，整个塬面都显得支离破碎，称这种行将解体的黄土塬为残塬。黄土残塬是黄土塬经流水侵蚀和切割形成的，这种残塬在陇东和陕北交界处的定边县南部分布较多，如罗庞塬、刘峁塬、姬塬等。在黄土高原边缘地带的一些较大的河谷盆地中的阶地上常常堆积了厚度很大的黄土，黄土覆盖在阶地台面上，台面向河谷倾斜，沿河谷形成长条状，这种黄土台面称黄土台塬，如渭河沿岸的黄土台塬。黄土台塬的形成和发展规律明显受河流发育的控制，因此黄土台塬无论在成因、结构和表部形态与黄土高原内部的黄土塬和黄土残塬都有很大区别。

（b）黄土梁

平行于沟谷的长条状高地，梁长一般可达上千米，几千米或十几千米，梁顶宽阔略有起伏，宽几十米到几百米，呈鱼脊状往两面沟谷微倾。梁顶一般覆盖着上更新统黄土和现代堆积。谷坡中、下部裸露为中、下更新统黄土。黄土梁有时是残塬进一步被侵蚀切割形成。因此在分水岭部位仍有规模不大的残塬或近似残塬的宽梁分布。梁的两侧沟谷顶部由于溯源侵蚀，几乎将梁脊切穿，形成非常狭窄的鞍部，陕北陇东当地居民称其为崾脸，如定边的白马崾脸和张埂脸等。除分水岭部位外，其他黄土丘陵区的梁状地形行将解体的黄土塬为残塬。黄土残塬是黄土塬经流水侵蚀和切割形成的，这种残塬在陇东和陕北交界处的定边县南部分布较多，如罗庞塬、刘

黄土梁

峁塬、姬塬等。在黄土高原边缘地带的一些较大的河谷盆地中的阶地上常常堆积了厚度很大的黄土，黄土覆盖在阶地台面上，台面向河谷倾斜，沿河谷形成长条状，这种黄土台面称黄土台塬，如渭河沿岸的黄

土台塬。黄土台塬的形成和发展规律明显受河流发育的控制，因此黄土台塬无论在成因、结构和表部形态与黄土高原内部的黄土塬和黄土残塬都有很大区别。

（c）黄土峁

黄土峁

呈孤立的黄土丘，浑圆状形如馒头。大多数峁是由黄土梁进一步侵蚀切割形成的，但也有极少数是晚期黄土覆盖在古丘状高地上形成的。由于黄土峁多是由黄土梁进一步演化形成的，所以在多数地区一般均为梁峁并存的地貌形态，统称这种地貌形态为黄土梁峁区。在黄土梁峁区，由于流水侵蚀切割的时限和强度不同，各地段均有很大差别，因此有些地段黄土梁相对多些，即地形相对完整些，有些地段峁相对多些，地形相对破碎些，我们把以梁为主的微地貌组合称为梁峁区，而把以峁为主的微地貌组合叫峁梁区。由此看来，在黄土丘陵区，很难有单独的黄土梁区和黄土峁区。塬、梁、峁之间的关系基本上代表了黄土丘陵区流水对黄土的侵蚀强度和地貌的演化过程。出土的石器来看，虽然都是旧石器，但石器的种类和制作的精良程度随着时代的更新，种类越来越多，工艺水平越来越高。如在萨拉乌苏和水洞沟遗址出土的石器中，已经出现雕刻器和装饰品。从黄土高原发现的多处古人类与古文化遗存点和遗址可以说明，中华民族的始祖自180万年前就生息繁衍在这块黄土地上，这块黄土地是史前文明的发祥地，它是通往现代文明的桥梁。从各个时代化石点的分布还可以说明，古人类在黄土区的活动基本上连续贯穿了整个第四纪时期，人类本身的进化和生产、生活工具的进步，这些发展阶段性的丰富信息，为黄土高原黄土地层的研究和划分提供了重要依据。

3. 黄土高原的古气候与古环境

地球上在第三纪的较长时期内古气候相对比较稳定。到了第四纪，气候发生了显著的波动，出现了冷暖交替的急剧变化。其变化幅度大、周期短，比过去地质历史上任何时期都频繁。近年来经各国地质学家们的研究证实，这种变化无论在海洋还是在陆地，都有古气温强烈变化的反映。因此，这种变化是全球性的，在不同地区有其相似的规律。第四纪古气候变化的结果，在一些地区引起冰川的形成、发展或者退却。在另外一些无冰川的地区，影响到动植物群落的频繁迁徙，同时还影响到海平面的升降。特别是近年来气候的趋暖，引起世界各国的普遍关注，对于这一变化各国学者持有不同的看法：一种观点认为是自然因素形成的；一种观点认为是人为因素造成的。还有认为全球性的气候变化是在地球自身发展变化规律的基础上人为因素影响叠加形成的，而且从某种意义上讲，自然因素起有主导性作用。因此，研究第四纪以来，特别是晚更新世以来古气候的变化，对今后气候变化趋势的预测具有极其重要的意义。

我国黄土地层分布范围广，地层连续性好，自晚第三纪以来至第四纪全新世的地层都很齐全，黄土高原各地都分布有较多典型的黄土剖面。它们厚度大，地层连续，具备研究第四纪（250多万年）以来古气候变化的最好条件。利用深海沉积物来研究古气候的变化固然有很多优越性，但深海沉积物的提取成本高，技术难度大，对研究工作的广泛开展带来一定的难度。经我国地学工作者的研究，黄土地层的古气候曲线能和深海沉积的古温度曲线较好吻合。因此通过研究黄土地层为探讨古气候的变化规律和预测未来变化趋势开拓了广阔的前景。20世纪70年代以来，许多国外地质学家，如美国、英国、法国、匈牙利、比利时等国的地质学家先后来到我国与我国的地质学家们合作共同研究中国的黄土。

（1）黄土地层的古气候标志

黄土地层中反映古气候的标志概括起来有：古土壤、湖沼相沉积、河流相沉积、黄土的颜色变化、化学元素组分含量和孢粉组合等。

古土壤，它是在不同地质时期的地表，在当时的气候条件下，经过成壤作用形成的。因此古土壤的类型、成分结构等特征都带有形成时气候特征留在土壤中的痕迹，这些痕迹直接记录了当时气候冷暖干湿等变化。因在黄土剖面中，利用古土壤与黄土交替相间层次变化的规律进行气候变化旋回的分析已被广大地质学家们重视。黄土堆积时所处古地理位置不同，古土壤的层数、厚度则因地而异。

湖相沉积，黄土中常夹有湖相地层，这类地层主要出现在早更新世早期和晚更新世的早期或晚期，全新世地层中也有小范围湖沼相堆积。这些湖沼相沉积物中碳质成分含量很高，富含生物碳及孢粉，其所含铁元素多为还原状态，氧化程度很低，这些特征表明上述湖沼相堆积是在湿冷气候条件下形成的，这一点由孢粉分析结果可以得到证实。

河流相沉积物，主要为粗砂、砾卵石等，常见于河谷地区的黄土地层中。如在渭河、洛河河谷，黄土层下部就有巨厚的河流相堆积与黄土互层构成河流高阶地，一般属于早更新世中后期及中更新世早期。在晚更新世时，一些盆地和山前地带的黄土中夹有不同厚度的砂卵石层，这些粗岩相沉积物说明当时黄土堆积时，曾经有过较大的丰水期，因而河流发育，水文活动积极，反映了当时湿润的气候条件。

黄土颜色的变化是气候变化的比较直观的反映。黄土形成于不同的气候条件下，因而有不同的外观颜色。综合黄土高原黄土剖面颜色在垂向上的变化，自下而上大体可以分为 4 个主要颜色段：第一段，浅红黄色段；第二段，棕黄色段；第三段，灰黄色段；第四段，褐黄色段。黄土颜色自下而上由红黄—棕黄—灰黄—褐黄的变化，反映了黄土堆积时气候由湿润逐渐向半干旱气候变化的规律。所以第四纪以来黄土高原区气候变化的总趋势是由温湿变为干冷。

黄土地层中的化学组分，黄土中化学元素组分的迁移是与气候变化相关的。所谓元素的迁移，是指土壤中的化学元素的转移和再分配，使化学元素重新分散或集中的迁移。如果把地壳中某元素的平均含量（称克拉克值）作为标准，那么偏离这个标准，趋向于减小的即为分散；趋向增多的即为集中。分散与集中是一个问题的两个方面。某一地段元素的分散，必然导致另一地段的集中，反之亦然。元素的迁移是一个复杂的地球化学过程。在不同的物理化学环境中，迁移的方式、强度和结果都不相同。温度是元素在地质历史时期迁移最重要的外界因素，因此我们可以通过测定黄土层中元素迁移量的大小、形式及其组合关系等，反演其迁移的地质历史时期的古气候条件，以达到了解古气候环境波动的目的，如黄土中的氧化铁和碳酸钙等化学元素含量的变化对温度的变化就很敏感。通过测试陕西岐山县附近黄土剖面中 120 个黄土样品的碳氧同位素含量，并对应取样深度作出碳、氧同位素曲线。曲线反映出黄土高原距今 13 万年以来古气候有 8 次较明显的冷暖变化，这条气候变化曲线可与其他测试方法获得的气候变化曲线（如孢粉、氧化铁全铁含量）进行对比。说明用这种方法研究黄土古气候变化是可行的，也说明我国黄土地区古气候的变化与全球气候变化的一致性。

植物分为孢子植物和种子植物两大类，孢子和花粉分别是这两类植物的繁殖器官。孢子和花粉当它们在植物的孢子囊和花药中成熟后，借助风、水或动物等动力的作用飞离植物母体，大部分落在土壤中，经过漫长的地质年代，孢子花粉也就变成了化石。孢子化石和花粉化石统称孢粉化石。植被的生长分布直接受地形、气候和土壤条件的控制，不同的自然条件和不同的地理分带均生长不同的植物群落，相应的有不同的孢粉组合。地质工作者曾在陕西白鹿塬厚达 100 多米的黄土剖面中以及洛川黑木沟黄土剖面中系统采集孢粉样品进行孢粉分析，作出了反映黄土区气候波动的孢粉图谱和曲线。通过其他技术方法验证，曲线能较好地反映黄土地区古气候变化规律。

（2）黄土高原古环境的变迁

气候是古环境变化主要的驱动力之一，特别是在地质历史时期人类的作用和影响还比较微弱的情况下，影响区域性古环境变迁的主要因素就是气候变化。通过近年来对黄土高原黄土地层多学科的综合研究，对其古气候及古环境的变迁的基本规律有了更进一步的认识。新生代早期，全球性气候变暖，我国各地区包括黄土高原的早第三系地层多呈红或浅红色，说明当时气候比较炎热。欧洲气候也比现在要温暖得多，北欧的格陵兰在第三系地层中发现温带气候的植物。欧洲伏尔加河流域当时具有和我国南方及日本南部相同的温暖气候，生长着棕榈树和常绿青枫，而乌克兰地区当时曾生长着现代越南种植的棕榈树。晚第三纪东亚大陆气候仍然趋于温暖湿润。到第三纪末期气温才开始普遍下降。早更新世早期，黄土高原内在一些第三纪末形成的古侵蚀或断陷盆地边缘和盆地内，形成很多河流及大小不同的湖泊，其中堆积了厚大的湖相沉积。在早更新世末期，由于气候逐渐变得干旱起来，雨量减少使这些湖泊逐渐萎缩，乃至干涸消失，并演化成河流。中更新世开始时，由于新构造运动对环境的影响，黄土高原的气候变为温湿和干凉交替的波动。这一时期河流最为发育，河水流量也与气候变化相对应而呈增多或减少的变化规律。到晚更新世初期，干旱气候开始显著。到全新世，黄土高原则明显地被干旱少雨的气候所控制，北部向沙漠化方向演化。在整个第四纪时期内，黄土高原的古气候环境的主要变化时期是中更新世早期，中更新世晚期和晚更新世末期。

20 世纪 50 年代末，在陕西省乾县大北沟，修建水库工程。施工中，在黄土层下 10 余米深处，挖掘出一具完整的象化石。经过有关

专家的鉴定，确认为纳玛古象。其时代约为第四纪晚更新世初期的动物化石。这个纳玛古象产出的地层位置是在地表下第一层黄土下面的沼泽相沉积中。这个现象说明在距今十几万年前，乾县大北沟这个地方曾有过河流和沼泽。纳玛古象产出的地点就是在沼泽的边缘。据推测，可能是这个纳玛象当时陷入沼泽之中，遗骸被以后的沼泽相沉积所埋藏，以后在其上又堆积了黄土。20世纪60年代，中国科学院古脊椎动物研究所的专家们，在甘肃东部合水县板桥乡马莲河右岸三级阶地上的砂砾石层中发现了一具完整的象化石，被命名黄河古象。其时代约在第四纪中更新世。众所周知，象是生存于气候暖湿的地区。从今日西北地区的气候条件和环境来看，无论如何也不适于象的生存繁衍。这些事实说明，黄土高原过去的古环境与现在的环境相比，已经发生了很大的变化。

在陕西省西安市以东著名的半坡博物馆，其馆址就坐落在一个距今6000年前的原始社会的村落遗址上。经考古学家发掘研究证明为仰韶期文化。这个史前时期村落里的居民是靠打猎、打鱼为生。村落的外围挖有深沟，以防止野兽侵袭。这个居民遗址的地理位置，恰好处于沪河二级阶地与一级阶地之间的斜坡上。根据遗址、遗物，可以推断，当时的沪河，水量丰沛，岸上有森林，很多野兽经常出没于附近。这是距今6000年左右的自然环境。然而今日我们所见到的半坡博物馆所在地及附近的铲河的自然景观，则完全不同了。森林不见了，野兽也见不到踪影了。沪河河水的涓涓细流中，已无鱼可打了。在距今6000年左右，相当我国的古文化期仰韶期，是历史上气候比较温暖的时期，比现在的气温要高，雨量要多，生存环境条件要好。

公元前700多年的春秋之际，秦文公曾凿石鼓十面。在上面用四字诗的文体，记载了秦王游猎，以庆征战成功的情况。石鼓中记载着："吾车既好，吾马既壮"、"吾水既静，吾道既平"等描述当时渭河流域的情景。石鼓文中还写有"千泛"篇，这是描写渭河支

流千河（位于今宝鸡市以东）两岸风光美好的文句，如："佳杨及柳"、"漫之小鱼，其游蹄蹀"；文中记有：在千河水中鲢鱼、鲤鱼、锦鱼成群成串游荡的情景；两岸都是垂柳拂水，白杨钻天。记述了当时在千河上捕鱼之景："君之渔之"、"其鱼佳可"。这是对渭河流域环境的历史记载。今非昔比，今日宝鸡以东千河河谷的自然环境早已不是过去的景象了。2000多年来，黄土高原的自然环境已发生了很大的变化，向着愈来愈干旱的环境演变，两千年前优美的自然环境已不复存在。

黄土高原环境的变迁，有其自然的因素，这与全球气候变化有关，但也有人为的因素，如黄土高原森林的砍伐，草地的破坏，土地利用不合理造成的土壤侵蚀，导致高原自然环境恶化。

四 发展变化

(一) 黄河断流

　　黄河频繁的季节性断流始于 20 世纪 70 年代初，从那时开始，黄河入海年径流量逐渐变小，在短短的几十年里，黄河入海径流总量锐减了一多半。同时，黄河下游多次断流。特别是进入 20 世纪 90 年代之后，断流现象更为严重。断流形成的原因，总的可归纳为两个方面，一是自然因素；二是人为影响。

1. 自然因素

　　黄河流域近年来降水量减少是黄河断流的最主要的自然原因，而降水又直接受气候变化的影响。综合各种情况来看，致使黄河断流的自然原因主要有 7 种：

　　第一，太阳辐射的改变。太阳辐射是地球气候的能源，太阳辐射输出量的改变必然会导致地球气候的变化。根据观测，20 世纪 70 年代开始，太阳辐射量在不断地增强，地球气温也在不断地升高，蒸发加强，导致我国黄河流域乃至华北、西北地区更加干旱。

　　第二，太阳黑子。根据观测分析发现，亚洲东南部的季风气候与太阳黑子的 11 年周期有一定的相关性。在太阳黑子极值年附近，我国地面大气环流中的季风成分大于行星风成分。20 世纪 90 年代中期，处于太阳黑子两个极值年之间，所以，我国的季风势力较往年减弱，尤其表现在黄土高原和华北地区，使季风降水雨带多徘徊于长江中下游地区，造成我国华北干旱显著。

　　第三，间冰期。地球上的气候冷暖干湿相互交替，变化的周期长短不一。在大冰期之间是比较温暖的大间冰期。第四纪大冰期中，

又分为几个亚冰期和亚间冰期，而当今世界处在第四纪的亚间冰期，气温逐年上升，降水量逐年下降，尤其在黄河流域，出现干旱气候。

第四，大气透明度的变化。地表气候受太阳辐射的影响。太阳辐射除受太阳本身变化影响外，到达地球的部分也受大气透明度的影响。火山活动对大气透明度的影响最大，火山爆发喷出的灰尘能强烈地反射和散射太阳辐射，而对地面发出的长波辐射却没有显著影响。据计算，火山尘埃散射太阳辐射的能力比散射地面长波辐射大30倍，尘埃反射太阳辐射的作用比大气分子强得多。根据实测结果，火山活动较多的年份，相应的到达地面的太阳辐射也较少。1912年以后至20世纪90年代，北半球火山活动相对较少，大气混浊程度减少，可以吸收更多的太阳辐射。因此气温增高，形成一个温暖期，蒸发加强，气候变得干燥。

第五，流域状况。黄河流域大部分属于干旱、半干旱的大陆性气候区。多年平均降水量476毫米，降水年内分配不均，大约60%的降水量集中在6～9月。径流的补给主要靠降水，因此年内分配不均匀，且年际变化大，天然河川径流量658亿立方米，实测年径流量431亿立方米。干流最大年径流量与最小年径流量的比值为2：3。降水量本来就不充沛，水资源不足，进入温暖期后蒸发加强，降水减少，旱情加重，水资源供求关系更加吃紧。最终导致黄河断流现象出现。

第六，下游补给。黄河下游流经华北平原，河床宽坦，水流缓慢，泥沙大量淤积，成为世界上著名的地上河，使该段黄河不仅得不到两岸地下含水层的水源补给，反而要用河水下渗补给地下含水层，越是干旱越是下渗严重。

第七，上中游补给。黄河径流主要来自于上中游以降水补给为主的地表径流与地下径流，流域内降水量的下降直接减少了径流的水源补给量。

2. 人为影响

黄河断流是自然与人为因素叠加所致，但以人为因素为主。黄河流域水资源相对贫乏，人均、耕地亩均水量都远低于全国人均、亩均水平，特别是 20 世纪 90 年代后，降雨、径流偏少，这是黄河断流发生的自然背景，但这并不足以导致下游频繁的断流。如人类活动强度较小的 1922～1932 年与人类活动强烈的 90 年代相比，其旱情要重得多，但并未出现断流。可见，人类活动是造成黄河断流的主导因素，总结起来有九点：

第一，森林覆盖率低，水土流失严重。历史上植被状况的恶化对黄河断流影响很大，在黄土高原，原有的茂密森林在唐代、宋代之后遭到人为的毁灭性破坏，直到今天，黄河流域的森林覆盖率仍然远低于全国平均水平，其生态破坏的趋势远未能得到根本性的遏制，甚至于有所发展。水土流失量惊人，使得土地蓄水、保水性能很差。生态环境的恶化、森林的消失是造成黄河洪灾与断流并存的历史原因。

第二，人口、经济迅速发展，耗水量剧增。20 世纪 50 年代以来，黄河流域人口猛增，人类生产与生活规模无节制扩大，耗水量呈现急剧上升态势。20 世纪 50 年代时，黄河下游灌区灌溉 140 万公顷农田，90 年代灌溉面积上升到 500 万公顷，工业生产用水也数十倍地增长。在 50 年代初期，黄河供水地区年均耗水量 122 亿立方米，90 年代初达到 300 亿立方米，而同时年均降水量反而有所下降。与 50 年代相比，90 年代黄河下游非汛期来水减少 24.5 亿立方米，同期耗水量反而增加 81.5 亿立方米，水资源供需矛盾尖锐，黄河水资源供远小于求，断流在所难免。

第三，水体污染严重，水体质量不佳。随着人口的剧增、经济的发展，黄河流域水污染程度逐年加重，水体质量的明显下降既影响了人体的健康，也降低了黄河水资源的开发利用率，"水荒"矛盾更加尖锐。

第四，水资源管理不协调。在枯水年份或者枯水季节，黄河沿岸各地只从自身利益考虑，纷纷引水、蓄水、争水、抢水，水资源管理混乱，水量分配不合理，水荒矛盾更加突出。加重了下游水资源匮乏的程度。

第五，水费偏低，农业灌溉方式原始，水资源浪费惊人。黄河流经了我国北方重要的农业产区，农业灌溉用水即占全河流用水总量的90%以上，而引黄渠每立方米水费仅为3.6厘钱，远远低于供水的生产成本，如此低廉的水价自然难以唤起人们的节约用水意识。目前，黄河流域共有水浇地500万公顷，农业灌溉仍然主要采用大畦漫灌、串灌等原始灌溉方式，一些灌区每公顷地年均毛用水量竟然高达60立方米，粗放经营的农业生产方式使黄河水资源的有效利用率不及40%，水资源浪费程度令人触目惊心。

第六，人为热释放。随着工业、交通运输业的发展，世界能量的消耗迅速增长。仅2000年全世界消耗的能量就相当于燃烧了380亿吨煤所放出的能量，在一定程度上增强了大气的干燥度，使陆地降水量减少。

第七，温室效应。二氧化碳等温室气体产生的温室效应，加速了气温的升高，蒸发量增大，降水减少，干旱加剧。

第八，海洋沙漠化。目前每年大约有18亿吨的石油通过海上运往消费地。由于运输不当或油轮失事等原因，每年约有180万吨石油流入海洋。另外，还有工业过程中产生的废油排入海洋。有人估计，每年倾注到海洋中的石油量达200万~1500万吨，其中一部分形成油膜浮在海面上，抑制海水的蒸发。使参与水汽输送的水量减少。同时又减少了海面的潜热的转化，使海洋减小了调节气候的作用，产生"海洋沙漠化效应"。尤其在20世纪70年代以来，在我国近海越来越显著，直接影响我国的气候、降水，使我国降水量有所减少。

第九，沿海城市气候的截流。由于城市的热岛效应造成市区与

郊区之间的温度差，因而形成局部的热力环流，其在大范围气压梯度小时，表现比较明显。在白天市区中心有强烈的上升气流。这样，市区因凝结核特别多，又有上升气流，所以，降水量比郊区多，一般可增加5%～10%。近年来，我国东部城市化进程特别快，城市发展规模大，数量多，众多的城市群对进入大陆空气中的水分有明显的"截流"作用，使之在当地产生降水，减少了进入内陆（如黄河中上游地区）的水量，使黄河主要补给区降水减少。

（三）河道变迁

1. 河道变迁的原因

每条河流都有一种称之为"自动调整功能"的能力，也就是说，河流下游为了与来自上游的泥沙数量、水量相适应，时刻通过改变自己的表现形态，比如说河床的跨度、河水的深度、河道的弯曲程度等，或者通过改变自己的坡降来调整自己携带泥沙的能力，保持河道的平衡。当上游冲刷下来的泥沙数量很多，超过河流挟沙能力的时候，河道就会发生泥沙的淤积。而淤积后河流的坡降增大，从而增大了河流搬运泥沙的能力；同样，当上游输送下来的泥沙量很少，低于河流的挟沙能力时，河道就会发生冲刷，冲刷的结果是河流坡度减小，河流的搬运能力也就会相应的减小。然而，任何事物都是有一定极限的，河流的这种自动调整功能也不是无限的，当到达某一极限以后就不再发挥作用，那么，河道在这个时候就会发生持续性的泥沙淤积或冲刷。

黄河下游是河流自动调整功能达到一定极限以后，造成泥沙持续性淤积的典型，黄河下游也因为河道经常泥沙淤积、堤防经常决口、河道经常迁徙而闻名世界。经常淤积是因为上游河水带来了大量的泥沙，河水不堪重负导致泥沙的淤积；经常决口的原因一部分是某些年份河流的水量丰富，另外还有一些是人为的因素造成的。经常迁徙指的是下游河道经常摆动，具有不确定性，不仅是主流河道不稳定，整个河道流路也都发生过大的变迁。

人们还发现，这三者具有一定的因果关系。河道的长期淤积导致河床上升，河流水位上浮，河流决口的机会大大增加；河流一旦决口，必然会造成河道的改变；新河道刚形成的时候河床一般情况下都比较低，而且流域内的土质一般比较疏松，加上上游泥沙源源不断地输送下来，淤积也就成为必然的趋势。淤积、决口、改道，三者循环往复，形成了一个怪圈，影响着黄河的发展，也影响着生活在黄河流域的华夏民族。

每一次黄河决口、泛滥和改道，都对下游平原的地理环境产生巨大影响。黄河决口汹涌的洪水都会吞没大片的土地，夺去千百万人民的生命、财产，大量的城镇被冲毁变成废墟。洪水过后，留下的是大片的沙漠。在风的作用下，沙漠中出现了许多断续的沙丘和沙垅，这些沙丘和沙垅吞噬农田、淹没房屋、阻塞交通，严重影响了人们正常的生产、生活。现在分布在河南省东北部和东部的许多沙丘、沙垅和大片盐碱地，就是历史上黄河泛滥的结果。

黄河不断地决口和改道也直接改变了黄淮海平原上的水系面貌。根据历史文献资料记载，古代黄淮海平原为人们呈现的是河网交错、湖泊群立的自然地理景观。但经黄河一次又一次的泛滥、冲刷和淤积，许多河流变得越来越浅，有的甚至完全断流；许多湖泊经过黄河泥沙淤积，变成了浅浅的湿地，被开垦成农田。这些情况也使得当地气候干燥、水源缺乏。同时黄河的泥沙在水流动的过程中四处淤积，也间接地导致了黄淮海平原的地面普遍增高。

2. 不同历史时期的河道变迁

（1）战国初期及以前

在原始社会的新石器时代，黄河下游流经河北平原，并在渤海湾西海岸入海，因为当时的人类还处在蒙昧状态，对抗自然的意识和能力都比较弱，两岸未筑堤防，河道极不稳定。

根据《禹贡》、《山海经·北山山经》以及《汉书·地理志》等

中国古代文献记载，黄河曾经忽东忽西往来改变河道很多次，由于改道形成的河道也纷繁复杂，比较著名的河道有三条。其中两条位于河北平原偏西的地方，沿着太行山山脚向北流淌。

《山海经》中记载的黄河，下游大致向北流到永定河冲积扇的南部边缘，向东经过雄县、霸县一线，到今天天津市区附近入海；而《禹贡》中的黄河，下游在现在的深县附近，穿过河北平原中部，于青县的东面入海；《汉书》中所说的黄河远离了太行山东面的山脚，经过河南省东北部、山东省西北部、河北省东南部，向东北方向流到黄骅县境内入海。这三条河道出现在中国的战国时代中期以前，有时三条河道同时存在，有时其中的一条占据主要地位。

在中国古代，"河"是一个专属名词，专门用来指代黄河。据《汉志》、《水经注》记载，河北平原上被称为"河"的水道10余条，可能都是黄河历次决流改徙后的故道。

（2）战国至西汉时期的河道

研究黄河的人，把"禹河"视为有资料记载以来最原始的河道，而最早一次大的河道变迁发生在公元前602年，就是周定王五年。

公元前770年，周平王把都城迁往今洛阳东边，中国的经济中心从黄河中游向下游方向转移。随着经济发展的不平衡，周王朝各个诸侯国的力量对比也发生了变化，在几百年间，"春秋五霸"、"战国七雄"相继出现在历史舞台上，各领风骚。这时，人们已经认识到，黄河是一条有益也有害的大河。他们在筑堤防洪的同时，着手开发被河水淤漫的滩涂。堤防工程的修建使得黄河改变了洪荒时代漫流的状况，在堤防约束下，散漫于平原上的河流逐渐合二为一。

堤防的约束，使河流就范，但泥沙淤积在下游河道中，致使河床不断抬高。周定王五年，黄河在黎阳宿胥口决徙，主流由禹王故道的东北，经现在的濮阳、大名、冠县、临清、平原、沧州等地在黄骅流入渤海。这条河道一直维持到西汉时期，历经600多年，被称为西汉大河。

西汉时期，随着经济发展，人口增多，人们开始在堤内再修堤防，并在滩地内耕种，建造房屋，比战国时期更为复杂的河道、更加曲折的堤线和更为显著的地上河，都增加了黄河决口的可能性。公元前132年，黄河在濮阳瓠子决口，溃水向东南冲入巨野泽，泛滥入淮。泛流20余年后，口门才得以堵复。

（3）东汉到唐朝末年

公元11年，黄河在魏郡元城（今河北省大名市）附近决口，河水冲破东岸堤坝，河水一直泛滥到清河郡以东数郡。虽然黄河决口东流，但当时的国家统治者王莽为了使自己位于黄河西岸的元城祖坟远离威胁，并不去组织人力堵住缺口，而是任由黄河改变河道，洪水蔓延，从而造成黄河史上第二次重大的改道，水灾因此延续了近60年。

此后，在近千年的时间里，黄河下游河道出现相对稳定的局面，偶尔某些地方出现决口，也未造成大规模河道迁移。原因主要有三点：

①从东汉开始，大量游牧民族迁移到黄河中游地区居住，游牧民族依靠放牧为生，他们改变了黄河中游地区原有的农业模式，改种植业为畜牧业，毁掉农场建造草场。新种植的草原和灌木丛代替了耕地，同时草和灌木发达的根系也使得水土流失相对减弱，进入黄河的水量和泥沙量都有所减少。

②西汉末年（公元70年），黄河水流不依照任何规律，胡乱流淌，政府任命王景进行全面治理。通过人工干预的方法，为黄河固定了一条新的河道。新河道流经河北、山东两省的交界地区，从长寿津（现在的河南省濮阳西旺宾一带）出发，汇入古漯水河道，在现在的阳谷县附近与古漯河分流，经过现在的黄河和马颊河之间区域，在山东省利津县境入海。

③当时黄河下游存在不少分支，有的单独入海，有的流进了其他的河流，沿途还有很多大小湖泊和沼泽洼地，这些分支和湖泊、

沼泽都起着分洪、排沙与调节流量的作用。

（4）唐朝末期到北宋末期

经过近千年的堆积，从唐朝末年开始，黄河下游河口段已逐渐淤高。893 年，河口段发生了近百里的改道。到五代时期，决口的频率明显增加，平均不到 3 年就决口一次。

11 世纪初，在现在的山东商河、惠民、滨州市县境内，河道又一次被抬高，水位高出民房很多。此后，黄河决口的地点又上移到澶州（今河南濮阳）、滑州（今滑县东旧城）一带。这一时期河道变化总的趋势是逐渐向北移动。

1048 年，黄河在商胡埽（今濮阳东昌湖集）附近决口，向北流动，经过今滏阳河与南运河之间，在下游会合御河（今南运河）、界河（今海河）至天津入海，历史上称这次黄河改道为"黄河北派"。这是黄河变迁史上的第三次重大的改道。

（5）金元到明嘉靖万历时期

这一时期黄河先后两次大规模改变河道，其中一次还是人为原因造成的。

南宋建炎二年（1128 年），为了阻止北方少数民族政权金族军队的侵犯，宋朝政府任命留在都城东京的官员杜充，竟然将现在河南滑县西南附近的黄河堤坝掘开，失去约束的黄河冲出缺口向东奔流，经过河南东北部、山东西南地区，汇入泗水，侵占泗河河道进入淮河。从此黄河离开了春秋战国之后一直使用的河道，不再从河北平原经过。在 700 多年时间里，黄河从东南方向流入淮河已经被人们看做是很正常的事情。这是黄河下游变迁史上划时代的大事，也是黄河第四次重大的改道。1286 年 10 月，黄河在原武、阳武、中牟、延津、开封、祥符、杞县、睢州、陈留、通许、太康、尉氏、洧川、鄢陵、扶沟 15 处地段先后决口，决口形成的洪水大致可以分成两股：一股在中牟境内向南流去，经过尉氏、洧川、扶沟、鄢陵等地区以后，靠着颍水的河道流入淮河；一股在开封境内向南流去，

经过通许、太康等地，从涡河河道进入淮河。这是黄河历史上第五次大的改道。

（6）16 世纪中叶～19 世纪中叶

黄河下游区域河段多股分流的局面到 16 世纪中期已经基本结束，向南流的分支渐渐都堵塞干涸了。黄河侵占泗水的河道流入淮河，成了这一时期黄河河道发展的新特征。后来，在万历初年，中国历史上非常著名的治理黄河专家潘季驯推行建造堤坝约束河水，用水流清除泥沙的方针，使黄河不服从管教的水流再次被人们约束起来，下游河道也开始基本固定。之后虽然某些地段有时候还会发生决口之类的事情，但是很快就可以恢复正常。

江苏省徐州市至淮阴市的河段水流相对徐缓，成为繁忙的运输航线，因此成为这一区域内很多城市的安全命脉，地位、作用非常重要。潘季驯治理黄河的时候，就把这一段当作了重点区域，花了很多的资金和物资，进行了一系列的建设，如全面修整两岸的各种堤防；重新修建高家堰水坝；通过人为措施抬高洪泽湖的水位；以及为清除黄河泥沙而建造的蓄水库，等等，这些措施都为这一区域河道的平安和税制的改善起到了很大作用。18 世纪以后徐州以下河患最为集中，重心向下游移动到淮阴到黄河入海口一带。河患严重的原因，主要是元朝以后黄河长期占据淮河河道，随着黄河携带的大量泥沙在入海口附近沉淀，河口面积不断扩大；河口三角洲面积的扩大反过来又制约了泥沙的流动，更多的泥沙淤积在河口附近。19 世纪以后，徐州以下河段已经由于泥沙淤积面积的不断扩大变得破败不堪，决口事件每年都会发生，再加上当时的中国政局动荡，政府根本不去顾及黄河水患的问题，更不可能对黄河河道存在的问题进行治理了。

（7）19 世纪中叶～20 世纪 50 年代以前

1855 年 6 月，黄河在河南省兰阳铜瓦厢附近决口，先将西北方向的封丘、祥符各县村庄淹没，然后又往东蔓延到兰仪、考城、长垣等县附近后，水流分成三条，分别向不同方向流去，经过一段距离之后重新在张秋镇会合，穿过张秋运河，经盐河流入大清河，由利津牡蛎口入海。这是黄河第六次大改道。这次决口，使黄河结束了700多年借道淮河入海的历史，又回到渤海湾附近入海。

在这之后的20年里面，洪水在以铜瓦厢为顶点到北金堤，南到现在的曹县、砀山，东至运河的三角洲冲积扇上，自由流淌，水流分散，没有一个确定的河道。一直到1876年人们在黄河下游修建的河堤完工，黄河下游河道才被固定下来，并延续到现在仍然没有太大的变化。下游河道中铜瓦厢至陶城埠一段，历史上经常发生决口事件，又被人们形象地称为"豆腐腰"，意思就是说，这一段的黄河大堤非常脆弱。

1938年6月，中国正处在抗日战争的战火中，国民党政府对抵抗日本军队的侵略并不积极，为了阻止日本侵略军向西进攻，国民党政府就人为地扒开河南省郑州市花园口附近的黄河大堤，造成黄河又一次决口成灾。洪水虽然阻挡了日本军队的进攻，但是之前没有任何征兆突然到来的洪水，使沿岸的人民还来不及转移就被洪水夺去了生命。决口以后，黄河在贾鲁河、颍河和涡河地带之间泛滥，造成的灾害是有史以来最大的一次。作为黄河史上的第七次大改道，这次改道让中国人更深切地体会到了黄河的残暴。

五　灵山秀水

（一）名山

1. 祁连山和日月山

祁连山脉位于中国青海省东北部与甘肃省西部边境。由多条西北—东南走向的平行山脉和宽谷组成。因位于河西走廊南侧，又名南山。西端在当金山口与阿尔金山脉相接，东端至黄河谷地，与秦岭、六盘山相连。

祁连山山脉长近 1000 千米，属褶皱断块山。最宽处在酒泉市与柴达木盆地之间，达 300 千米。自北而南，包括大雪山、托来山、托来南山、野马南山、疏勒南山、党河南山、土尔根达坂山、柴达木山和宗务隆山。山峰多海拔 4000～5000 米，最高峰疏勒南山的团结峰海拔 5808 米。海拔 4000 米以上的山峰终年积雪，山间谷地也在海拔 3000～3500 米之间。

祁连山东段山势由西向东降低，包括走廊南山—冷龙岭—乌鞘岭，大通山—达坂山，青海南山—拉背山三列平行山系。其间夹有大通河谷地、湟水谷地和青海湖盆地。有冰川 3306 条，面积 2063 平方千米。祁连山区的水系呈辐射格状分布。山系东部以

祁连山

流水侵蚀为主，西部干燥剥蚀作用强烈，高山则以塞冻风化作用为主，明显存在三级夷平面。为中国冰川分面最集中的地区之一，成为众多河流的发源地。

祁连山是典型的大陆性气候。一般山前低山属荒漠气候，中山上部为半湿润森林草原气候，中山下部属半干旱草原气候。亚高山和高山属寒冷湿润气候，山地东部气候较湿润，西部较干燥。

祁连山区农业主要限于东部的湟水和大通河中下游谷地及北坡的山麓地带，春麦、青稞、马铃薯、油菜、豌豆和瓜菜等，一年一熟。草场辽阔，宜于发展畜牧业，并有大片水源涵养林。有多种药用和其他经济植物，还有不少珍贵动物，如甘肃马鹿、蓝马鸡、血雉、林麝等。

祁连山脉南部著名的日月山坐落在青藏高原的东北边缘青海省湟源县西部，属于祁连山脉，海拔最高点4000多千米。它属于拉脊山脉西端，北起青海湖东部的洱海，南接湟中群加，绵延数10里。日月山是青海湖东部外流河与内陆河的分水岭，山地两侧的自然条件和人文景观存在显著的差异，历来被称为"草原门户"和"西海（青海湖）屏风"，是农耕区与游牧区的天然界线。

山体东侧的西川河、北川河汇为湟水，属黄河水系。山体西南麓有倒淌河，汇入内陆的青海湖。日月山山地两侧的自然条件和人文景观存在显著的差异，山体东面是湟水流域，有西宁、湟中、湟源等发达的城镇，分布有许多名胜古迹。山体西面为青海湖和无边的草原。

2. 鸣沙山

鸣沙山，位于甘肃敦煌市南郊7千米的鸣沙山北麓，面积约200平方千米。鸣沙山的沙峰起伏，山如虬龙蜿蜒，金光灿灿，宛如一座金山。鸣沙山曾被称为"沙角山"。处于腾格里沙漠边缘，与宁夏中卫县的沙坡头、内蒙古达拉特旗的响沙湾和新疆巴里坤哈萨克自治县境内的巴里坤镇同为我国四大鸣沙山之一。是"敦煌八景"之一，景名"沙岭晴鸣"。

所谓鸣沙，并非自鸣，而是因人沿沙面滑落而产生鸣响，是自然现象中的一种奇观，有人将誉为"天地间的奇响，自然中美妙的乐章。"自古以来，由于不明鸣沙的原因，产生过不少动人的传说。相传，这里原本水草丰茂，有位汉代将军率军西征，一夜遭敌军偷袭，正当两厮杀难解难分之际，大风骤起，刮起漫天黄沙，把两军人马全都埋入沙中，从此就有了鸣沙山。至今犹在沙鸣则是两将士的厮杀之声。

历来水火不能相容，沙漠清泉难以共存。但在鸣沙山中，却能看到沙漠与清泉相伴为邻的奇景，这就是天下沙漠第一泉——月牙泉。月牙泉像初五的一弯新月，落在黄沙里。泉水清凉澄明，味美甘甜，在沙山的怀抱中娴静地躺了几千年，虽常常受到狂风凶沙的袭击，却依然碧波荡漾，水声潺潺，是当之无愧的沙漠第一泉。

月牙泉处于鸣沙山环抱之中，因其形酷似一弯新月而得名。古称"沙井"又名"药泉"，一度讹传"渥洼池"，清代正名"月牙泉"。水质甘洌，清澈如镜。千百来沙山环泉而不被掩埋，地处干旱沙漠而泉水不浊不涸，实数罕见。泉内星草含芒、铁鱼鼓浪，山色水光相映成趣，风光十分优美。

鸣沙山月牙泉

3. 兴隆山

兴隆山位于兰州市榆中县城西南马御山麓，距兰州市五六十千米，属国家级自然森林保护区。此山是耸立于黄土高原的最为壮观的石质山岭，有古老的地质历史，是一个多样化岩石的自然展览馆。

风景区有主峰两座，东西对峙，东名兴隆峰，西名栖云峰。她的秀丽景色被誉为"甘肃之名山，兰郡之胜景"，有"陇右第一名山"之称。

兴隆山素有"鸡鸣听三省"之说，它北与宁夏盐池县相望，东与陕西定边县毗邻，东西两条山脉如游龙走蟒，对面蜿蜒而上，极为对称地触向中峰，并将其凌空托起200多米，形成"二龙戏珠"之造型。据现存庙宇碑文记载："兴隆山者，盖延、庆重镇也。上接三峰，势若捧笏，众山环绕，累累如贯珠；两旁幽谷窈然，而深谷中有泉翁然而出，泉水向南北分流，如往而复陡；其巅蔚然深秀，峰回路转，往来行旅不绝。朔方地脉之灵，莫胜于此之中峰。"

关于兴隆山还有一段神奇的故事：相传在它东边8千米处的云盘山和天桥，是轩辕黄帝羽化升天的地方。原准备在这里修建道观，观址选好后插五色旗为记。不料，夜间神狐将五色旗叼至今祖师山，因而才于此奠基建观。又说，该山关公大帝常显灵庇佑百姓，故兴隆山又称老爷山。兴隆山亦由此披上了神秘的面纱。

4. 华山

华山位于陕西省华阴市境内，距西安120千米，秦、晋、豫黄河金三角交汇处，南接秦岭，北临坦荡的渭河平原和咆哮的黄河。扼大西北进出中原之门户，海拔2000多米，素有"奇险天下第一山"之称。

华山有东、西、南、北、中五峰，主峰有南峰"落雁"、东峰"朝阳"、西峰"莲花"，三峰鼎峙，势飞白云外影倒黄河里，人称"天外三峰"。还有云台、玉女工峰相辅于侧三十六小罗列于前；虎踞龙盘，气象森森。因山上气候多变，形成"云华山"、"雨华山"、"雾华山"、"雪华山"，给人以仙境美感，是所谓的"西京王气"之所系。

华山，古称"太华山"，又称"西岳"，是我国著名的五岳之一。华山是由一块完整硕大的花岗岩体构成的，它的历史衍化可追溯到1.2亿年前，据《山海经》记载："太华之山，削成而四方，其高五千仞，其广十里。"

华山是中华民族文化的发祥地之一，据清代著名学者章太炎先生考证，"中华"、"华夏"皆因华山而得名。《尚书》里就有关于华山的记载；《史记》中也有黄帝、尧、舜华山巡游的事迹；秦始皇、汉武帝、武则天、唐玄宗等十数位帝王也曾到华山进行过大规模的祭祀活动。

5. 五台山

五台山位于山西省忻州市五台县境内，距省会太原市230千米，属于太行山脉，跨忻州地区的5台县、代县、原平县等地。因为有5座山峰环抱，五峰耸立，高入云霄，峰顶如台似垒，故称五台。

五台山是文殊菩萨的道场，与浙江普陀山、安徽九华山、四川峨眉山并称为"中国佛教四大名山"。五台山以其悠久的历史文化和规模宏大的寺庙建筑群位居四大佛教名山之首，是一个融自然风光、历史文物、古建艺术、佛教文化、民俗风情、避暑休养为一体的旅游区，是朝山拜佛的最佳场所，也是盛夏避暑的理想去处，并被人们誉为"清凉圣境"。

五台山主峰5座，东台望海峰可看云海日出，南台锦绣峰的花的海洋，西台挂月峰可赏明月娇色，北台叶门峰可览群山层叠，中台翠岩峰可见巨石如星。更有天造奇观："热融湖"、"冰胀丘"、"石海石川"、"龙翻石"、"写字崖"、"佛母洞"等。南北穿流的清水河，哺育着沿崖万物生灵，有野生动物百种；奇花异卉万枝，是美丽的高山自然公园。

五台山历史悠久，相传这里最早的佛教寺庙始建于东汉，以后随着佛教的传播，寺院建设的规模也越来越大。北魏孝文帝、隋炀帝、宋太宗、元英宗、清圣祖、清高宗等都曾驾幸五台山，至于历朝历代皇帝、皇后遣使札礼五台山者，更是自北魏到清朝，从未间断。翻开五台山各大寺的"庙史"，第一页几乎全是"敕建"二字。

五台山也是我国唯一兼有汉地佛教和喇嘛教的佛教道场，因此受到西藏、内蒙、青海、甘肃、黑龙江等地少数民族的无比尊崇。五台佛国也诞生了一大批高僧名师，盛唐时期，这里成了海外信徒留学听经的高等佛教学院。千百年来，印度、日本、蒙古、朝鲜、尼泊尔、斯里兰卡等国佛教徒，很多人都到五台山来朝圣求法巡礼，有些甚至留在五台山修行终身。

6. 白云山

白云山，位于河南省泌阳县大路庄乡，海拔 983 米，为驻马店市山峰之最。相传山上有白茅大仙，每逢岁旱，乡人无论远近皆去那祈雨，有求辄应，屡著之异，又叫白茅堆。

白云山景区内海拔 1500 米以上的山峰 37 座。白云山雨量充沛，年降雨量 1200 毫米以上，气候湿润，凉爽宜人，盛夏最高气温不超过 26℃。

景区内奇峰俊秀，白云悠悠，云雾缭绕，瀑布飞跌，景象万千，构成了各具特色的五大观光区，即：白云山观光区、玉皇顶观光区、小黄山观光区、九龙瀑布观光区、原始森林观光区，是观

白云山原始森林公园

光旅游、度假避暑、科研实习的理想胜地，被誉为"人间仙境"、"中原名山"。

公园地处亚热带、暖温带过渡区、森林植被呈现明显的过渡特色。在很小的范围内既有大量的华北区系植物分布，又有华中、西南和西北区系植物生长，品种繁多的菌、藻、苔藓随处可见，参天

古树很多，是一个难得的生物种质资源库。

白云山之所以很特别还有另外一个得天独厚的优势——地处中原的咽喉位置，所以它竟然跨越了黄河、长江、淮河三大流域。一座名山，接受着中华民族三条母亲河的滋养恩泽，因此生长得如此雄浑秀美。

7. 泰山

泰山古称"岱山"，又称"岱宗"，为我国五岳之东岳。坐落在山东省中部，绵亘于泰安、历城、长清三县之间，总面积400多平方千米，高度居五岳第三位，但它却被历代称为"五岳独尊"。

泰山主峰玉皇顶海拔1545米，突起于华北平原，凌驾于齐鲁丘陵，山势雄伟，峰峦峻拔，景色壮丽。泰山以雄伟壮丽著称，历史悠久，地层古老，风光秀丽，琼阁掩映，文物古迹众多，自然景观与人文景融为一体。目前山上有古寺庙22处、古遗址97处、历代碑碣819块、摩崖石刻1018处。

泰山山麓的岱庙为泰山第一名胜，岱庙主殿内东、西、北三面墙壁画有《泰山神出巡图》。岱庙内陈列的沉香子、温凉玉、黄蓝釉瓷葫芦瓶被誉为泰山镇山"三宝"。泰山的旭日东升等十大奇观驰名中外。

泰山气候，四季分明，各具特色。夏季凉爽，多雨。春秋两季较温和，平均气温但春季风沙较大。秋天则风雨较少，晴天较多，秋高气爽，万里无云，为登山观日出的黄金季节。冬季虽天气偏冷，但可

泰山日出

看到日出的机会较多。泰山生物资源丰富，植被茂密，林木葱芜，古木参天，草繁茂，百龄以上古树名木万余株，动物千百余种。

泰山在中国的政治、文化历史上占有很高的地位，它是历朝统治者祭天的场所。早在夏、商时代，就有 72 个君王来泰山会诸侯、定大位，刻石记号。秦始皇统一中国封禅泰山以后，汉代武帝、光武帝，唐代高宗、玄宗，宋代真宗，清代康熙、乾隆等也都相继仿效来泰山举行封禅大典，所到之处，建庙塑像，刻石题字，为泰山留下了大量的文物古迹。

历代著名的文人学士，也都慕名相继来此，赞颂泰山的诗词、歌赋多达 1000 余首。孔子曰："登泰山而小天下。"杜甫的《望岳》诗："会当凌绝顶，一览众山小。"已成为流传千古的名诗。泰山同时又是佛、道两教之地，因而庙宇、名胜遍布全山。因此泰山不仅有雄奇壮丽的山势，而且有众多的文物古迹，也是一座道教名山。山顶更有四大奇观：旭日东升、晚霞夕照、黄河金带、云海玉盘，实乃地处名冠世界的文物宝库和游览胜地。

（二）河流湖泊

1. 主要支流

（1）白河和黑河

白河和黑河是黄河上游的两大支流，位于四川省北部与甘肃省交界的若尔盖高原，属同一地貌单元，流域特性基本相同。这主要是受区域地质构造影响和黄河水系发育的结果。

白河和黑河流域属大陆性寒温带气候，民谚称"冬长夏无春秋短"，正是对本流域气候特点的概括。流域内年平均降水量，由北部的 600 毫米增至南部的 800 毫米，是黄河流域的多雨区。降雨较均匀，全年无大暴雨出现。两河水量丰沛，含沙量极少，年径流量 36.1 亿立方米，平均每平方千米的产水量，白河为 32.7 万立方米，黑河为 24.1 万立方米，居黄河各支流之首，远大于黄河花园口以上流域的平均数 7.67 万立方米，是黄河流域的多水支流，有较多的水资源可资利用。两河的洪水，由于草地与湖泊沼泽的调蓄作用，使洪水过程具有"涨缓落慢"的特点。洪峰流量较小，但洪水总量较大。径流年内分配较均匀，年际变化也小。水流平稳，便于开发利用。

黄河上游河段，在青海、四川、甘肃三省交界附近，自西北向东南流，受岷山所阻，折转流向北西，形成180°大转弯。弯的顶端在四川若尔盖县的唐克镇，此乃"九曲黄河"第一曲。该湾的周围为岷山、巴颜喀拉山和西倾山，中间低洼平坦，如湖盆状，地质上称"唐克湖盆"。盆地内水草丰茂，沼泽遍布，是著名的若尔盖草原（也称松潘草地）。白河和黑河就在这个湖盆草原中发育形成。两河均受红原弧形构造控制，其分水岭为不连续的低矮山丘及闭流湖沼。两河河源同出于岷山，并行北流，经过沼泽草地，然后又都汇入黄河，只是由于水色稍有不同，先入黄河的一条叫白河，后入黄河的一条叫黑河。

黑河又名墨曲，由于该河流经沼泽草甸泥炭层，两岸黑色泥炭出露在外，水色灰黑而得名。白河又名嘎曲，位于黑河之西，因地势稍高，泥炭出露不明显，且唐克、红原附近还有局部沙丘，水较黑河为清，故称白河。

白河源出红原县查勒肯，自南向北经红原县，至若尔盖县的唐克附近汇入黄河，河道长 270 千米，平均比降 3.8‰，流域面积 5488 平方千米。唐克附近的白河宽 300 米，而黄河干流本身宽只有 200 米，常有人误把"支流"当"干流"。黑河发源于红原与松潘两县交界岷山西麓哲波山的洞亚恰。由东南向西北流，经若尔盖县，于甘肃省玛曲县东南的曲果果芒注入黄河。上距白河入黄口 95 千米。河道长 456 千米，平均比降 1.53‰，流域面积 7608 平方千米。

白河和黑河流域地势，东南高，西北低。按地貌形态可分为南部丘陵状高原区和北部河谷平原沼泽区。两河均为土质河床，中下游河段在后一地貌区内发育,河道比降极为平缓,两河穿行于草甸、沼泽、湖泊间,河道呈蛇曲形,牛轭湖发育。其弯曲系数,白河红原以下为1.9~2.4,黑河若尔盖以下高达2.8~2.9,极为罕见。

白河和黑河流域草场广阔,地势平缓,雨量充沛,但排水不良,致使土壤水分过多,经常处于饱和状态,且日照强烈,年平均日照时数达2290~2400小时。这种特定水热条件,有利于喜湿植物草丛的生长,而不利于植物残体的分解,因此加速了泥炭的积累作用,也加剧了草原的沼泽化,使该区形成了我国最大的泥炭沼泽地。沼泽地面积达648万亩,占两流域面积的23%,其中黑河流域有沼泽地面积495万亩。

白河还有航运和水产事业,早在20世纪50年代就有船队在白河下游行驶,现在航运和水产事业都有所发展。

（2）湟水

湟水是黄河上游最大的一条支流,发源于大坂山南麓,青海省海晏县以北的噶尔藏岭,河源高程4200米。向东流经湟源、西宁、乐都、民和等县市,于甘肃省永靖县付子村汇入黄河。入黄高程1565米。干流全长374千米,流域面积32863平方千米。湟水最大支流大通河是湟水流域的重要组成部分,流域面积15130平方千米,

占全河总面积的46%。大通河与湟水干流是两种不同的地理类型区,共存于一个流域之内,组成一个独特的流域。

湟水流域气候为典型的大陆性气候。由于流域地势西高东低,并有盆地、高山影响,所以气候垂直变化明显,且地域差

湟　水

异大。愈向上游气温愈低，降水量增大，蒸发量减小，多潮湿沼泽地。流域年平均气温 0.6℃ ~ 7.9℃，最高气温 34.7℃，最低气温 -32.6℃。年降水量 300 ~ 500 毫米，局部地区可达 600 毫米。湟水干流谷地，6 ~ 9 月降水占全年降水量的 70% 左右，且多暴雨。无霜期西北部山区为 31 天，东南部丘陵区为 130 ~ 180 天。西宁地区有歌谣云："古城气候总无常，一日须携四季装。山下百花山上雪，日愁暴雨夜愁霜。"概括了当地的气候特点。

湟水流域位于青藏高原与黄土高原的交接地带。整个流域处在祁连山褶皱带内。由于地质构造的制约和水系发育的综合结果，形成"三山两谷"构造独特的地理景观。流域北界祁连山，南界拉脊山，中部的大坂山为支流大通河与干流湟水的分水岭。祁连山与大坂山之间为大通河狭长条状谷地，属高寒地区，山高谷深，林草繁茂，人烟稀少水资源丰富，当地人民以经营放牧业为主，具有青藏高原的特点。大坂山与拉脊山之间为湟水干流宽谷盆地，丘陵起伏，黄土深厚，人口稠密，居民以农为主，农业历史悠久，水资源短缺，水的利用程度很高，呈现出黄土高原特点。由此形成了在一个流域内，干流和支流并行，而自然条件和社会经济条件迥然不同的两种地理景观区。

湟水干流，在西宁以上称西川，在西宁附近汇入北川和南川。干流谷地开阔且川峡相间，两岸汇入较大支流有 40 余条。除大通河外，多与干流垂直，呈羽毛状形态。支流大通河，发源于祁连山托勒南山南麓，青海省刚察县的木里山，河源高程 4520 米。流经门源，至民和县享堂汇入湟水，入湟口高程 1727 米。河道长 561 千米，比湟水干流长 187 千米。若从汇入点计算，则比干流长 256 千米（若按河源惟长的原则，支流将升格为干流），这又构成湟水水系的另一个特点。

湟水流域的水资源，据民和、享堂两水文站 1940 ~ 1984 年实测，年平均径流量为 46.3 亿立方米，平均每平方千米产水 15.2 万立方米。其中大通河年径流量为 28.7 亿立方米，每平方千米产水 19 万立方米；湟水干流每平方千米产水只有 11.4 万立方米。流域年输沙量 2241 万吨，年平均侵蚀模数 736 吨每平方千米，其中大通河年输沙量只 323 万吨。湟水干流年输沙量 1918 万吨，年平均侵蚀模数 1250 吨每平方千米。值得注意的是，有不少耕垦指数较高的丘陵地区，水土流失相当严重。

湟水流域的水资源利用有悠久的历史。特别是干流川区的农田水利发展，可追溯至汉宣帝时。他曾遣使赵充国屯田湟中，引水灌溉农田 6 万余亩。当时为了有利于屯田区的交通，还横跨湟水建桥约 70 座。至清乾隆年间，湟水两岸已有引水渠道约 200 条，灌田 38 万亩。民国年间曾在西宁附近的一条支流上修建西宁水电站，装机 220 千瓦，是当时黄河流域仅有的 3 个水电站之一。

由于人口、耕地分布不均，各地水资源利用的差别甚大。湟水干流平均每亩耕地只有地表水 341 立方米，再加城镇生活及工业用水，已感严重不足。而大通河流域平均每亩耕地有地表水 4748 立方米，却远没有开发利用。为了合理利用水资源，调节余缺，青、甘两省都提出调引大通河水的要求。

（3）洮河

洮河，位于甘肃省南部，是黄河上游第二大支流（仅次于湟水），源出青海省河南蒙古族自治县西倾山东麓，流经甘肃省碌曲、临潭、卓尼、岷县、临洮等县，在永靖县境汇入黄河。干流河道长 673 千米，流域面积 25527 平方千米。

流域深处内陆，高原大陆性气候特征明显，由于地形相差大，气候有明显的垂直分带，由上游到下游，年平均气温 2.3℃～7.0℃，降水量 312～613 毫米。蒸发量由 1200 毫米增至 1700 毫米，无霜期 46～145 天。流域内绝对最高和绝对最低气温分别为 34.6℃ 和 -29.6℃。

洮河干流自河源由西向东流至岷县后受阻，急转弯改向北偏西流，形如一横卧的 L 形。根据自然特点，干流分为 3 段：岷县西寨以上为上游，河道长 384 千米，平均比降为 4.9‰，河谷开阔，地势平缓，两岸草原广布，水流稳定，水清见底，割切侵蚀微弱，河道比较稳定；西寨至临洮县

洮 河

的海奠峡（倒流河口）为中游，河道长 148 千米，平均比降 2.8‰，因受地质构造影响，褶皱严重，河道弯曲多峡谷，两岸分布森林、草原，植被良好，水源涵养能力强，洪水小，含沙量低，河道水流逐渐加大，水流湍急，水力资源丰富；海奠峡以下为下游，河道长 141 千米，平均比降 2.5‰，谷宽滩多，两岸为黄土丘陵，植被很差，水土流失较严重。

洮河流域周围，东以鸟鼠山、马衔山与渭河、祖厉河分水，西以长岭山与大夏河为界，北邻黄河干流，南抵西秦岭山脉。

洮河流域地跨两大地貌单元，即甘南高原和陇西黄土高原。两者大致以西秦岭山脉分支延伸的白石山、太子山、南屏山一线为界，南部为甘南高原，北部属陇西黄土高原。甘南高原即青藏高原的东北边缘部分，海拔高程 3500 ~ 4000 米。最高的额尔宰峰高 4483 米。甘南高原除有森林覆盖外，大部分为平坦开阔的草滩和山坡草场。牧草丰盛，宜于放牧，是本流域的牧业基地。陇西黄土高原处于黄土高原西部，海拔 1700 ~ 2400 米，其中露骨山高 3941 米，是黄土高原的最高峰。本区黄土覆盖深厚，丘陵起伏，地形破碎，植被稀少，水土流失严重，是洮河泥沙的主要来源区。流域内河道所经之地多为较宽广的河谷盆地，如干流的临洮盆地和支流广通河的广河盆地等，都是宽广平缓之地，气候适宜，水源条件好，宜于发展农

业，是本流域农业生产的精华地区。

洮河天然年径流量 53 亿立方米，主要来自上中游地区，岷县以上年径流量占全流域的 72%，而控制面积只占流域面积的 59%，平均每平方千米径流模数为 25 万立方米，高出黄河流域平均数的 2.3 倍。洮河年输沙量 2880 万吨，年平均含沙量只有 5.5 千克/立方米，仅为黄河流域平均数的 1/6，是一条少沙支流。

洮河对流经的甘肃省各县生产生活均有重要意义，其人均水量和亩均水量分别相当于甘肃省平均数的 225% 和 272%。流域内用水量有限，只是下游农业区对灌溉的依赖性较高，预计今后灌溉面积发展将不超过 100 万亩，需水 4.7 亿立方米，加上工业及城乡生活用水，年需水量约 6 亿立方米，只占地表水资源量的 11% 多。因此，洮河有大量水资源可以外调。

洮河水力资源开发条件好，其理论蕴藏量为 225 万千瓦。目前流域水资源利用率只有 7.2%，水能资源的开发利用率还不到 1%。水利水电资源的开发前景十分可观。

洮河年输沙量虽不多，但对刘家峡水库的影响却很大。刘家峡水库，于 1968 年 10 月正式蓄水运用以来，1972 年汛后在洮河口的黄河干流河段形成了拦门沙坎，到 1981 年已淤成一道长达 10 千米的沙坎，犹如在水下修了一座宽体缓坡均质土坝，坎顶距刘家峡大坝仅 800 米，对刘家峡水电站发电有明显影响。当刘家峡水库低水位运用时，由于沙坎上水深很浅，已有很明显的阻水作用。若遇洮河洪水，大量水草和泥沙随水流而下，直抵坝前，对拦污栅造成极大威胁。因此，加速治理洮河下游水土流失区，减少洪水泥沙入库，不但是洮河本身治理的需要，同时也是刘家峡水电站迫切的要求。

（4）祖厉河

祖厉河位于中国甘肃省中部，兰州市东侧。黄河上游较大的支流之一，发源于当时祖厉县境的祖厉南山。源出会宁县南华家岭。北流经会宁县、靖远县入黄河，是甘肃中部流入黄河的主要苦水河。

祖厉河的南源厉河是甜水，东源祖河是苦水，祖河和厉河在会宁县城南汇合后，始称祖厉河，流经靖远县城西的红咀子后注入黄河。全长224千米，流域面积1.07万平方千米。会宁以南为上游，属土石中山，年降水量500毫米以上，植被较好。会宁至郭城驿间为中游，属黄土梁峁沟壑地形，年降水量450毫米以下，植被差，河流切割至黄土层下的第三纪红层后，矿化度增高。郭城驿以北为下游，地势低平，河床宽浅，年降水量300毫米以下，几无支流汇入，矿化度大于10克/升，人畜不能饮用，故称苦水河。

祖厉河全流域经济以农、牧业为主，也是"滩羊皮"产地之一。1973年以来修建的靖（远）会（宁）提黄（河）电灌工程，已解决了当地部分农业灌溉和人畜饮水问题。

汉武帝在巡视祖厉县之前，他为了联合被匈奴战败而远遁大夏（今阿富汗北部）的大月氏，东西夹攻匈奴，曾招募并派遣张骞出使西域。汉武帝建元三年（公元前138年），张骞率百余人从陕西出发，经过祖厉县境西行，途中被匈奴俘获，羁留匈奴国十多年，后伺机脱身，取道新疆，翻越葱岭，途经俄罗斯、哈萨克斯坦等国，最终到达目的地。但因大月氏安于现状，不思复仇，联合夹击匈奴的使命没有结果，但从此却打开了中原通往西域的道路，成为古代中外贸易和中西文化交流的丝绸之路。

祖厉河是一条苦涩的河，因流域地层含盐碱较多，水味苦咸，人畜鸟兽皆不能饮，所以当地人又叫苦水河。相传，女娲就是用这里的泥土造人的，所以我们的皮肤和这里的泥土颜色一致，由于女娲和泥用的水就是祖厉河的苦水，所以中华民族的历史，也是由苦难写成的历史。

（5）清水河

清水河位于黄河上游右岸宁夏回族自治区境内，发源于六盘山北端东麓固原县开城乡黑刺沟，自南向北流经固原、同心县城，于中宁县泉眼山附近注入黄河，海拔高程由2480米降至1190米，干流长 320 千米，流域面积 14481 平方千米，其中 93.3% 的面积属宁夏，其余属甘肃。

清水河流域属大陆性气候，由于南部受六盘山、北部受腾格里沙漠的影响，以及纬度的差异，流域南部和北部气候差别很大。南部固原以南地区年平均降水量 650 毫米，年平均蒸发量 1200 毫米，年平均气温 5℃~6℃，无霜期 110~130 天。北部同心以北地区，年平均降水量只有 220 毫米或更少些，是黄河流域的少雨区，年平均蒸发量高达 1800 毫米，年平均气温 7℃~9℃，无霜期 130~150 天。干燥度由 2 增至 9。按照中国气候区划，即由南部的暖温带亚干旱区过渡到中温带干旱区，这对当地的水资源、人文地理和耕作习惯都有很大影响。南部六盘山地区，阴湿多雨，雾气环山，草木丰茂，细水长流，人口相对稠密，平均每平方千米 50~100 人。北部同心及其以北地区，降水极少，又多大风，气候特别干燥，山上草木难生，沟底长年干涸，生态环境脆弱，人口相对稀疏，平均每平方千米不足 10 人。

清水河流域位于我国西北黄土高原。地形类别有三：一是山区，流域西南有六盘山脉，海拔一般在 2500 米以上，使流域呈西南高而东北低之略势；流域东部为南北向断续分布的剥蚀残山；北部诸山高出当地丘陵很多。流域周围的山区地势较高，构成与泾河、渭河、祖厉河的分水岭。二是黄土丘陵沟壑区，占流域总面积的 82%，分布于流域的中上游，呈特有的黄土沟谷和峁梁丘陵地理景观，相对高差 60~100 米，黄土覆盖层厚 30~100 米，植被稀疏，树木极少，水土流失严重。三是川区，约占流域面积的 15%，分布于干流两岸，顺河而上延伸长 200 余千米，平均河谷宽约 5 千米，在固原县黑城镇一带及同心县城以北河段，河谷宽达 10 千米以上，共有川台地 150 余万亩，地面平缓宽阔，利于耕种，是发展农业的好地方。这种宽谷河流的形成，考其原因是由于地质构造的影响。本区自燕山运动以来，流域南部的六盘山急剧上升，而中部沿南北方向发生断陷，几经演变，发育成今日的清水河宽谷。

水，是清水河流域的突出问题。就总体而言，水资源量很少，多年平均天径流量仅 2.16 亿立方米，折合每平方千米产水量为 1.49 万立方米，只相当于黄河流域平均年产水量的 20%，全国平均水量的 1/20。南部地区虽然降水较多，径流模数较大，韩府湾站（汇流面积 935 平方千米）以南，每平方千米产水量也只有 2.9 万立方米，约为黄河流域平均数的 39%；而韩府湾以北地区每平方千米产水量只有 0.76 万立方米，仅及南部地区的 26%，水资源之贫乏由此可见一斑。北部地区，大多数支流都是时令河，除汛期降雨时有水外，其余时间均干涸断流。

清水河不仅水资源贫乏，而且水质很差，有大量苦水分布，愈向下游水愈苦。据观测，干流三营断面河水平均含盐量小于 3 克/升，韩府湾站平均含盐量增至 3.58 克/升，至泉眼山站平均含盐量达 5.08 克/升。其苦水区域分布，有苦淡交错的，有全为苦水的，更有浓度甚高的苦水出露点。流域内左岸的中河、苋麻河、西河、长沙河等支流是苦淡交错分布，各支流上游的较大支沟多为苦水区。流域内中下游干支流的地表水均为苦水，中下游干流川区及多数支流的地下水亦为苦水。流域内苦水的含盐量一般在 3～10 克/升。局部地区矿化度在 15 克/升以上的臭泉水出露点有 10 余处，其中矿化度最高的是东至河上游的硝口 4 号井，泉水含盐量高达 138 克/升，日产水量 40 立方米，水中富含芒硝，臭气甚浓，对河水污染严重。长期饮用苦水有损于人体健康，流域内地方病甚为普遍。为了获得淡水，当地群众多在山坡、路旁修建"水窖"，积蓄天然雨水，以备饮用，饮水十分困难。

清水河流域的灾害甚多，干旱、风沙、冰雹、水土流失和苦水等自然灾害，一直严重影响着流域内农业生产和国民经济的发展，粮食产量低而不稳，人民生活十分贫困，是我国著名的低产贫困地区之一。除上述灾害外，地震也是流域内的一大灾害。流域的上中游，是我国地震活跃、震次频繁、震级较高的地区，中小地震几乎年年都有。1920年12月16日大地震，震中在海原县，震级为8.5级，烈度达12°，山崩地裂，黑水横流，地面或为高陵，或为深谷，房窑倒塌严重，人畜伤亡甚多，海原县死7万人，流域全境死亡人数不下20万人。大震之后，人能感觉到的余震有360次，断续时间长达一年之久。这是近百年来最大的一次地震。

新中国成立后，清水河流域人民为了改变贫困落后面貌，在党和政府的领导下，积极开展水土保持和兴修水利，取得很大成绩。在水利工程建设方面，1958～1960年间在干支流上修建了长山头、张家湾、沈家河、石峡口、寺口子、苋麻河等6座大中型水库，除张家湾水库于1964年被洪水冲毁外，其余水库均运用至今。20世纪70年代又在干流及西河、东至河、杨达子沟等支流上修建了6座中型水库，同时在流域内兴建了众多小水库。流域内已建大中小型水库约90座，总库容8.55亿立方米。上述水库，绝大多数位于干流上游及西河以南的支流，水质较好，构成水库群，调蓄径流，灌溉良田，共有设计灌溉面积近50万亩，有效灌溉面积约30万亩。增加了农业生产，有效地控制了流域的水沙，效益十分显著。

长山头水库是清水河流域治理中的关键性工程，控制流域面积14174平方千米，占全流域面积的97.9%，几乎控制了流域的全部水沙。该工程自1960年8月建成投入运用以来，由于库区淤积严重，已连续加高了4次，坝高由初建时的26.5米加高至34.5米，库容由0.86亿立方米增至3.05亿立方米，进入大型水库之列。水库平日不蓄水，只滞洪拦泥，是一座大型拦泥库。这是由于清水河多沙的特点所决定的。它不仅具有一般水库的防洪作用，而且拦沙淤地效益特别显著。

为了开发沿黄干旱高台地丰富的土地资源，国家还在宁夏境内修建了同心、固海两大扬黄工程，灌溉清水河流域的干旱土地。同心扬黄工程建于1977年，自中卫县境七星渠引水，设计流量5立方

米/秒，设5级泵站，累积扬程253米，干渠长93.7千米，沿清水河左岸逆流而上至同心县，有效灌溉面积8万亩。固海扬黄工程建于1985年，自中宁县泉眼山黄河干流直接取水，设计流量20立方米/秒，设10级泵站，累积扬程342米，干渠长202千米，先沿清水河右岸上行，至长山头架渡槽跨越溢流坝后，改从左岸上行，并与同心扬黄干渠立交，然后同在左岸于不同高程位置上并行一段后直至固原县七营，设计灌溉面积40万亩。这两大工程的建成，为开发清水河创造了极为有利的条件，原来干旱缺水的宽谷川地（包括长山头库区）都成了这两大工程的灌区。

（6）大黑河

大黑河位于河套地区东北隅，是黄河的一级支流，发源于内蒙古卓资县境骆驼脖子的坝顶村。其流向大体是自东向西略偏南，流经呼和浩特市郊，于托克托县的河口镇注入黄河，干流长236千米。本流域北依大青山，西南滨黄河，东与黄旗海、岱海水系为邻，流域面积17673平方千米。

大黑河流域属大陆性气候，年平均气温2℃～7℃，无霜期100～150天，年平均降雨量330～460毫米，冬季严寒少雪，春季干旱多风，夏季降雨集中。秋天，昼夜温差很大，民谚有"朝穿皮袄午穿纱，围着火炉吃西瓜"之说。降水年际变化大，年内分配不均，全年约有70%的雨量集中在7～9月，且多暴雨，春季3～5月降雨只有40～55毫米，不符合农作物需水要求，常年干旱。

流域地势北高南低，地形组合主要是山区和平原，两者呈明显的台阶式。大青山横亘于流域的北部和东部，山区约占流域面积的54%，顶部平缓，微向北倾，海拔1600～2340米，多为山地草原和草甸，是很好的牧场；山区南坡，有陡峻的山崖，有深邃的沟壑；山区和平原的交接带，多为灌丛草原，局部有森林；大青山南麓广阔的山前冲积平原，即土默特川平原，海拔降至990～1011米，东起美岱，西至磴口，南抵托克托县城，呈三角形，面积5154平方千

米，占流域面积的 29%，地面平坦，土地肥沃，渠系纵横，是内蒙古自治区的重要粮食基地之一。其余部分为黄土丘陵，分布在卓资县境及流域东南部蛮汗山一带，水土流失较严重。

流域北部山区属阴山东西纬向构造带，南部平原属断陷盆地。该断陷盆地乃河套平原的重要组成部分，在第四纪中更新世以前，曾是一个内陆湖泊，称"河套湖"，自成独立的集水系统，当时的大黑河是河套湖东边的重要支流。后来，由于河套湖淤积萎缩，以及黄河北干流迅速下切引起的溯源侵蚀不断延伸，导致河湖相通而演变成为今日之河套。所以，大黑河流域就其地理环境而言，属于河套平原范畴。其入黄口在上中游分界处河口镇以上，故属于黄河上游的最后一条支流，而非中游黄土高原类型的支流。从水系形态看，黄河干流在河口以上内蒙古境内的流向是自西向东流，而支流大黑河的流向则是自东向西流，干支流的流向相反，称为"逆向河流"，这也是黄河支流中唯一的一条逆向大支流。

大黑河的水系较为独特，包括东部的大黑河本流、西部的大青山诸支流以及哈素海退水渠等三部分，同归于一个入黄口。大黑河干流由河源至美岱段，长 120 千米，穿行于石山峡谷间，河床为基岩或砂砾石覆盖层；美岱以下至河口，长 116 千米，流经土默特川平原，土质河床，两岸设有堤防。美岱以下左岸还有什拉乌素河、宝贝河等来自蛮汗山区的支流汇入。西部各支流发源于大青山，有哈拉沁沟、乌素图沟、枪盘河（水磨沟）、万家沟、美岱沟、水涧沟等，自东向西平行排列，沟口附近均有洪积扇，出峪口后山洪漫流于平川之上，然后入大黑河。哈素海退水渠，由北向南流经平原低洼处，东部为大黑河冲积平原，地势东北高西南低；西部为黄河冲积平原，地势西北高东南低。哈素海退水渠接纳东西两大片灌区的退水后，在托克托附近入大黑河，然后注入黄河。大黑河水系的干支流，在山区（包括丘陵区）均有固定河床，比降较陡，进入平原后则无固定流路，并多与灌溉渠道交织，水系较混乱，排泄不畅。

托克托是本水系的唯一出口，大水之年，东、北、西三面高水压境，南面又受黄河水顶托，唯见一片汪洋，同归于托克托一处，故素有"万水归托"之说。

大黑河的水沙资源，时空分布不均。山区和丘陵区是产水产沙地区，平原区是用水用沙地区。其水资源量较贫乏，天然年径流量共4.29亿立方米，单位面积产流量尚不及黄河流域平均数的一半。年输沙量美岱站为600万吨，平均每平方千米输沙1400吨，属轻微水土流失区，但有些丘陵地区仍较严重，每平方千米侵蚀量2000～4000吨。

径流主要集中在7～10月，约占全年的60%，其他月份较少，5～6月来水只占全年的16%。洪水多出现在7、8两个月，来自山区。山洪暴发时，在沿途会造成损失，但所挟带的大量泥沙和有机质，又有利于引洪放淤，肥田改土。

流域内的自然灾害较多，以旱灾、洪涝和盐碱较为严重，群众饱受其苦，常把大黑河称为"大害河"。流域内干旱普遍，在近500年的史料统计中有大旱57次、平均9年一次，旱年144次、平均三四年一次，这与当地"三年一小旱，十年一大旱"的说法基本一致。近50年来，在大青山区和丘陵区的较大支流中修建了石嘴山、二道洼、雷山和红领巾等4座中型水库和诸多小型水库，用以防洪和灌溉。在大黑河出口处的河口镇，于1964年修建挡黄闸1座，防止黄河倒灌，保障大黑河河滩垦殖区的生产。在大黑河干流由美岱至入黄口河道的两岸，于1954～1960年间修建堤防，可防御10年一遇洪水；在小黑河、什拉乌素河及大青山区较大支流的下游以及呼和浩特市郊区也修有防洪堤防，共计堤长643千米。沿大黑河干流及主要支流的下游两岸，建有20余处万亩以上的灌区。沿黄河大堤还修了磴口、团结、托克托等4处扬水工程，改自流引水为扬水灌溉，水源得到保证。

红领巾水库是一座中型水库，1958年动工兴建，由于当时全国少先队员曾捐献 28 万元支援该水库建设，故命名为"红领巾水库"。红领巾水库位于土左旗大青山麓的水磨沟沟口附近，控制流域面积 1364 平方千米，年水量 4320 万立方米，年沙量 77.4 万吨。坝址以上全为山区，植被差，常有山洪暴发。这座控制性水库，坝高 42 米，总库容 1660 万立方米，死库容 280 万立方米。自 1960 年建成投运用以来，前 4 年采取"拦洪蓄水"运用方式，水库淤积严重。针对这一问题，水库管理人员深入调查，分析水沙运行规律并总结群众引洪淤灌的经验后认为："泥沙既能随水而来，也就能随水而去，全部拦蓄将淤废水库，引出泥沙则可改土淤田。"于是打通施工导流洞，改水库为"缓洪蓄清"运用方式，即汛期滞洪排沙，引洪淤灌，汛后拦蓄清水供冬春灌溉。自 1964 年以来，水库不但没有淤积，而且还冲走了部分老淤土，保住了库容。

大黑河的引洪淤灌有悠久的历史，早在 200 多年前，当地群众就有引山洪浑水漫地，用以改造荒滩碱地获得好收成的事例，多自发效仿推广。新中国成立后，政府大力提倡，引洪漫地面积不断扩大，由历史上的 11 万亩发展到 100 多万亩。现在土默特川平原上，大黑河干流美岱以下及各支流口以下，都是引洪漫地范围，沿河道两岸设有许多引水口门，每年汛期山洪暴发，群众都自上而下节节分流，使洪水和泥沙通过分洪口门分散在川台河滩之上，肥田改土，往往轮到下游灌区已是水少地多不够引用了。如此大规模引洪淤灌，大黑河的洪水和泥沙已被吃光喝尽。据水文观测，自 1968 年以来，除个别大水年外，洪水泥沙已不再进入黄河，其减水减沙效益达 100%，成为第一条水沙不入黄河的大支流。

（7）窟野河和黄甫川

窟野河、黄甫川（曾有一段时间误称为皇甫川，后经陕西省地名委员会正名为黄甫川）是黄河众多支流中，输沙模数最大、粗颗粒泥沙最多的两条支流。

窟野河发源于内蒙古自治区东胜市巴定沟，流向东南，经伊金霍洛旗和陕西省府谷县境，于神木县沙峁头村注入黄河，干流长 242 千米，流域面积 8706 平方千米。流域地貌类型主要有风沙区和黄土丘陵沟壑区。风沙区位于流域西北部，地势平缓开阔，植被稀疏，人烟稀少，以畜牧业为主；黄土丘陵沟壑区位于流域东南部，地面支离破碎，沟壑纵横，植被极差，水土流失极为严重。

黄甫川在窟野河以北，发源于内蒙古自治区准格尔旗北部的点畔沟，由西北向东南流经准格尔旗政府所在地（沙圪堵），于陕西省府谷县下川口村汇入黄河，其入黄河口在窟野河入黄河口上游 123.5 千米。干流长 137 千米，流域面积 3246 平方千米。土壤侵蚀类型与窟野河同属于黄土丘陵沟壑区第一副区，是黄河流域水土流失最严重的区域。地貌类型大致有 3 种。砒砂岩丘陵沟壑区，分布在沙圪堵以上干流以西地区，面积 863 平方千米，占全流域面积的 26.6%；砒砂岩裸露地面，风化强烈，地面支离破碎，沟壑纵横，水土流失极为严重。沙质黄土丘陵沟壑区，分布在沙圪堵以上干流以东及支流十里长川中上游西部地区，面积 598 平方千米，占全流域面积的 18.4%。砒砂岩上覆盖有薄层黄土，风蚀强烈，表面沙化严重，片状沙分布较广，地形较为完整，地面坡度一般在 6 度以下，呈波状起伏，水土流失相对较轻。黄土丘陵沟壑区，广泛分布于流域的中下游及支流十里长川以东地区，面积 1785 平方千米，占全流域面积的 55%。基岩上覆盖有厚 20~80 米的黄土，残留有较完整的梁峁，沟谷已深切至基岩。本区以水蚀为主，水土流失严重，但轻于砒砂岩地区。

据调查分析，黄河流域中游地区存在着一个泥沙粒径大于 0.5 毫米的粗沙来源区，主要分布在河口镇到龙门区间两岸支流及红柳河、芦河、大理河、延河、北洛河、马莲河等支流的河源区，即广义的白于山河源区，面积约 13 万平方千米，年产粗沙总量约 5.76 亿吨。窟野河、黄甫川等 19 条支流，粗沙模数大于 3000 吨/平方千米/年，总流域面积 6.3 万平方千米，年产粗泥沙 3.91 亿吨，占粗沙总量的 67.9%。其中尤以河口镇到无定河口的右岸支流及广义的白于山区产粗沙最多，本区的粗沙模数高达 6000～10000 吨/平方千米/年，流域面积 4.7 万平方千米，年产粗沙 3.16 亿吨，占粗沙总量的 54.9%。

据实测资料，窟野河年径流量 7.47 亿立方米，年输沙量 1.36 亿吨。平均含沙量 182 千克/立方米，为黄河平均含沙量的 5 倍多。洪水含沙量一般为 800 千克/立方米，高的在 1000 千克/立方米以上，1958 年 7 月 19 日的洪水，每立方米水体的最大含沙量高达 1700 千克，实属罕见。年平均输沙模数 1.56 万吨/平方千米，在下游黄土丘陵沟壑区为 3 万～4 万吨/平方千米。窟野河流域最大年输沙模数为 3.5 万吨/平方千米，为多年平均值的 2.2 倍；而神木至温家川区间最大年输沙模数甚至高达 10 万吨/平方千米。窟野河年产粗泥沙 8751 万吨，占全流域年输沙量的 64.3%，年粗泥沙模数高达 1 万吨/平方千米。黄甫川多年平均年径流量 1.86 亿立方米，年输沙量 0.58 亿吨，平均含沙量 312 千克/立方米，为黄河平均含沙量的 8 倍多；年平均输沙模数 1.79 万吨/平方千米。黄甫川多年平均粗泥沙输沙量 4149 万吨，占全流域年沙量的 71.5%，年粗沙模数达 1.28 万吨/平方千米。这样的高含沙水流，特别是粗沙含量很高的水流，是造成黄河下游河道淤积特别严重的主要来源。据 1950～1984 年的 153 次洪水统计，三门峡站洪水最大含沙量超过 200 千克/立方米的有 37 次，其在黄河下游造成的淤积占 1950～1984 年淤积总量的 93.6%；含沙量大于 400 千克/立方米的 14 次，在黄河下游造成的淤积占 1950～1984 年总淤积量的 60.7%。又据 1950 年 7 月至 1960 年 6 月和 1964 年 11 月至 1973 年 10 月两个时段的资料统计，黄河下游年平均来沙量分别为 17.95 亿吨和 16.30 亿吨，其中粗泥沙来量分别为 3.64 亿吨及 4.68 亿吨，各占其全部来沙量的 20.13% 及 28.7%，其在黄河下游的淤积量分别为 1.90 亿吨及 2.79 亿吨，占黄河下游相应时段淤积总量 3.87 亿吨及 4.38 亿吨的 49.1% 及

63.7%。在这些粗泥沙来量中，有52.2%及59.8%淤积在下游河槽部位，造成河床不断淤积抬高。另从1952～1983年的130次洪水统计资料分析，洪水主要来自粗泥沙地区时出现概率仅为10%，而造成黄河下游河道的淤积量却占全部淤积量的40%～60%。可见加速治理多沙粗沙地区，控制粗泥沙进入黄河，对减少黄河下游河道淤积有多么重要的作用。

黄河干流河口镇至无定河口间右岸多沙粗沙支流主要有黄甫川、孤山川、窟野河、秃尾河、佳芦河等5条，总面积17652平方千米，年粗沙量17894万吨。其面积占19条多沙粗沙支流总面积的27.9%，而粗沙量则占19条支流总粗沙量的45.7%。其中尤以窟野河、黄甫川占的比例最大，两条河的粗泥沙年输沙量分别为8751万吨及4149万吨，分别占19条支流粗沙总量的22.4%及10.6%，合计达33%，而其流域面积只占19条支流总面积的18.9%。所以治理这些支流对减少黄河下游河道的淤积将会有显著的成效。

窟野河流域有丰富的优质煤资源。据地质勘探部门查明，内蒙古南部与陕西北部接壤地带，煤炭资源十分丰富，神府东胜煤田分布面积达26565平方千米，储量1922亿吨，占全国已探明储量的1/4。列入近期开发的矿区面积为2756平方千米，煤炭储量282亿吨，其中位于窟野河流域的矿区面积2482平方千米，主要分布在转龙湾至神木县区间的干流及支流乌兰木伦河两侧。这些矿区的煤炭，具有埋藏浅、易开采、煤质优等特点。目前，神府东胜矿区已建成为一个特大型的优质动力煤和出口煤的生产基地。

（8）三川河

三川河由北川、东川、南川汇流而成，故名三川河。干流在山西省离石市以上称北川，发源于吕梁山北段西麓方山县的赤坚岭，流经方山县城，在离石市纳支流东川后始称三川河。再往下游6千米的交口镇汇入支流南川，然后流经柳林县城。于石西乡西河口村注入黄河左岸。河道全长176千米，入黄口高程624米。

三川河地处吕梁山的西南部，远离海洋，且有吕梁山、太行山屏障，大陆性气候特征明显。年平均气温北部在5℃以下，南部为9℃，绝对最高气温35℃，绝对最低气温－30℃。降水量由北至南递增，多年平均年降水量500～600毫米，7～9月降水量占年降水量的60%以上，且多暴雨，多年平均蒸发量1100毫米，全年无霜期北部90～150天，南部160～180天，全年日照时数2700小时左右。

三川河是晋西汇入黄河北干流左岸诸多支流中第二大支流，流域面积4161平方千米。按地形地貌特征，可分为三个类型区：土石山区、河谷川地区、黄土丘陵沟壑区。土石山区，分布于三条川的河源地区的吕梁山区，面积为1854平方千米，占流域面积的44.6%。此区地势较高，海拔高程多在1800米以上，植被良好，水土流失轻微。河谷川地区，即干支流沿岸川地，面积521平方千米，占流域面积的12.5%。此区由于水利条件较好，大多已发展成灌区，是当地农业的高产区。黄土丘陵沟壑区，即介于上述两个区域之间的地带，面积为1786平方千米，占流域面积的42.9%。此区丘陵起伏，黄土覆盖层厚50米左右，沟壑纵横，植被稀少，水土流失严重，是本流域洪水泥沙的主要来源区。区内旱灾频繁，农业生产水平低下。

东川有两个源头，偏北的一支叫小东川，发源于吕梁山脉的骨脊山，流向为东北西南向。偏南的一条叫大东川，发源于吕梁山西麓的神林沟，经吴城镇，以东南西北流向在车家湾汇合小东川后由东向西流经田家会，在离石市汇入三川河左岸。

南川发源于吕梁山西麓，山西省中阳县刘家坪乡凤尾村界牌岭，以北偏西方向流经中阳县城，在离石交口镇汇入三川河左岸。三川河干流可分为上中下游三段：由河源至圪洞镇（方山县城所在地）为上游，河道长49千米，比降8‰，河谷较窄，川峡相间。圪洞镇至离石市为中游，河道长52千米，比降4.7‰，此段河谷开阔，川地平坦，水利条件较好，是当地农业生产基地。离石市以下为下游，流向转为由东北向西南流，河道长 75 千米，比降 3.8‰。此段由离石市至交口镇河谷较宽，交口镇以下至柳林县城河谷较窄，河道曲折，川地较少，柳林县城以下至后大成水文站河谷又放宽，平均宽 800 米左右，后大成以下为峡谷段，河道弯曲，水流湍急。

据实测资料统计，三川河多年平均径流量 1.99 亿立方米，若加上柳林县泉水 1.07 亿立方米共为 3.06 亿立方米，地下水年可开采量 0.16 亿立方米，合计水资源 3.22 亿立方米。年最大径流量 4.93 亿立方米，最小年为 1.64 亿立方米，最大最小比值为 3。多年平均输沙量 2908 万吨，输沙量的年际变化更大，最大年输沙量达 8350 万吨，最小年只有 461 万吨，最大最小比值达 18。水沙年内分配集中，汛期（7～10 月）水量占全年水量的 60% 左右，汛期沙量则占到 95% 左右。沙量往往又多集中在几次暴雨洪水中，造成大量的水土流失。

全流域水土流失面积 2767 平方千米，占流域面积的 66.5%，每年输入黄河的泥沙 2908 万吨，流域平均每平方千米输沙量 6989 吨，若按水土流失面积平均，则高达每平方千米 10510 吨，而局部地区每平方千米的侵蚀量可高达 2 万吨。水土保持工作更是受到党和各级政府的高度重视，1982 年 8 月 16～22 日召开的全国第四次水土保持工作会议，把三川河流域定为全国 8 个水土流失治理重点区之一。重点区治理以小流域为治理单元。

三川河流域矿藏资源丰富，主要矿藏品种有煤、铁、石棉、铝矾土、硫磺、石膏等。特别是柳林的煤，地质结构简单，煤层平缓，煤质好，低灰、低硫、强黏结、易洗选，为全国稀有的优质焦煤，享誉国内外市场。山西省和吕梁地区规划，将逐步把本地区建设成煤炭和重化工工业区。

（9）无定河

无定河是黄河中游托克托至龙门间最大的支流，也是一条著名的多沙河流。它发源于陕西省白于山北麓，干流长 491 千米，流域

面积 30261 平方千米，其中水土流失面积 23137 平方千米。主要流经内蒙古自治区鄂尔多斯市和陕西省榆林、延安两个地市的 17 个县（旗）。它流向三变，自河源起，先向东北流，后转东流，再转东南流，于清涧县河口村汇入黄河，与黄河的流向呈大的"几"字形颇为相似，宛如一条小黄河。无定河不但"形似"黄河，且极为"神似"。

黄河泥沙之多，水流含沙量之高，举世闻名。而无定河泥沙之多，在黄河流域也颇具盛名。平均每年约有 2.2 亿吨泥沙，随着滚滚洪流输入黄河，占黄河年输沙量 16 亿吨的 14%。无定河年平均含沙量 138 千克/立方米，约为黄河年平均含沙量的 4 倍。洪水时含沙量更高，每次暴雨后，往往形成高浓度泥流，每立方米含沙量可达700～1000 千克或更高。这种高含沙量水流，一般呈深褐色乳状体，表面平滑，不显波纹，犹如流动的沥青，其表面往往还漂浮着大小土块，人浮其上不下沉。

流域北部为有名的毛乌素沙漠，风沙区面积占流域面积的 54%。裸露的沙丘随风吹过无定河干流，覆盖在黄土丘陵之上，沿无定河右岸形成条状盖沙区，不但淹埋了大量耕地，而且大量粗颗粒泥沙进入无定河再输入黄河，更加重了黄河下游河床的淤积。流域南部为黄土丘陵沟壑区，其面积占流域面积的 46%，沟壑纵横，地形破碎，坡陡沟深，植被极差，再加以降雨非常集中，且多暴雨，因此水土流失极为严重，是无定河流域的主要产沙区，平均每平方千米年侵蚀量达 15000 吨左右，耕地表层肥土大量流失。

建国后，党和政府对无定河流域开始了治理。1950 年首先建成织女、定惠两条灌溉渠道，同时设立水土保持科学试验研究机构，选择辛店沟、韭园沟进行水土保持措施和小流域综合治理试验，在全流域形成了一个以水土保持为中心的治理高潮。1982 年无定河被列为全国 8 个水土保持重点治理区之一，国家给予重点扶持。目前，全流域已建成库容在 100 万立方米以上的水库 70 余座，其中库容在

1000 万立方米以上的有 31 座。

（10）汾河

汾河是黄河第二大支流，干流发源于晋西北宁武县西南管涔山雷鸣寺上游的宋家崖，由北向南纵贯山西省，流经静乐、太原、介休、灵石、霍州、临汾、河津等市县，在禹门口以下汇入黄河左岸。汾河入黄河口，因受黄河淤积摆动影响，口门位置变化较大，上下移动在河津县湖潮村到万荣县庙前村之间约 26 千米范围内。20 世纪50 年代初期曾在西孙石村及庙前村等处入黄河。1964 年，黄河东倒夺汾，使河口上移到湖潮村。后经治理，河口逐渐下移，初步稳定，常水时已基本恢复到庙前村，黄河大水时，河口上移约 10 千米到万荣县秦村附近。

汾　河

汾河流域属大陆性半干旱季风气候，春冬两季常受蒙古高原干燥风的袭击，雨雪稀少，干旱而寒冷，夏季多雨而炎热。年平均气温自北向南相差较大，大致在 6℃～13℃ 之间。年平均降水量也是北少南多，在 300～700 毫米之间，平均约 500 毫米。降雨年内分配不均，6～9 月降雨占全年的 60% 以上；年际变化也大，最大年降水量为最小年降水量的 3.5 倍。

汾河流域大致为长条形，流域范围涉及山西省忻州、晋中、吕梁、临汾、运城、太原等地市的 47 个县市。总人口约 1040 万人，有耕地 1700 余万亩。全流域面积 39471 平方千米，占山西省全省面积的 25.3%。按地形地貌及水土流失特点大致可分为 3 个类型区：一是山区及土石山区，分布在上游及流域周围，面积 11447 平方千米，占流域面积的 29%。山区植被较好，水土流失轻微；土石山区多为黄土覆盖，植被较差，水土流失较重。是盆地与河谷川地区，包括太原、临汾两大盆地和干支流上的沿河川地，面积 10657 平方千米，占流域面积的 27%，地面平坦，灌溉条件较好，大多已发展成灌区，农业生产较好，是西省粮棉主要产区。三是黄土丘陵沟壑区，介于上述两区之间，面积 17367 平方千米，占流域面积的 44%，沟壑纵横，地面破碎，植被差，水土流失严重。

汾河干流长 694 千米，入黄河口（湖潮村）高程 366 米。干流穿过两段峡谷将其分为 3 段：古交峡谷出口的兰村以上为上游，河道长 217 千米，流经山区和黄土丘陵沟壑区，水土流失严重。兰村至灵（石）霍（州）峡谷入口处的义棠为中游，河道长 161 千米，此段河道穿过太原（晋中）盆地，川地平坦开阔，适于发展灌溉，但水土资源不平衡，水量供需矛盾较大。由于河道比降平缓，两岸支流较多，排泄不畅，易涝易碱，河道淤塞摆动较剧，常受洪水灾害，且是山西省省会太原市所在地，为汾河防洪的主要河段。义棠以下为下游，河道长 316 千米，流经长约 85 千米的灵霍峡谷后即为临汾（晋南）盆地，地面开阔平坦，但水量不足，地高水低，发展灌溉有一定难度。汾河两岸支流众多，分布基本对称，流域面积 100 平方千米以上的支流有 48 条，其中大于 1000 平方千米的有 8 条：右岸是岚河、磁窑河、文峪河、双池河等 4 条；左岸是潇河、昌源河、洪安涧河及浍河等 4 条。

据河津水文站（控制面积 38728 平方千米，占全流域面积的 98.1%）实测资料统计，年平均径流量 15.14 亿立方米，年平均输沙量 4287 万吨（1934~1980 年系列）。径流、泥沙多集中在 7~10 月的汛期，径流量为全年的 63.1%，输沙量为全年的 92.2%。年际变化也很大，最大年径流量为 33.56 亿立方米（1964 年），而最小的 1980 年为 4.33 亿立方米；年输沙量最大是 1954 年的 17600 万吨，最小只有 151 万吨（1980 年）。汾河的灌溉用水较多，实测资料反映的是灌溉引水以后的情况，还原后的天然径流量为 26.54 亿立方米。

汾河两岸有许多泉水出露，较大的泉水有太原的兰村泉、晋祠泉，介休洪山泉，霍州郭庄泉，洪洞的霍泉，临汾的龙子祠泉，新绛的古堆泉以及翼城的利民池等。全流域较大泉水总计流量约 24 立方米/秒，年出流量约 8.6 亿立方米。

汾河上游纯系山区，河谷狭窄，岸陡岩高，无大改道及大片泛滥的可能。汾河下游，岸高河低，洪灾也不严重，只有汇入黄河的一段因河谷较宽，且受黄河顶托易于淤积，有时发生洪水灾害。中游流经太原盆地，纵坡较缓，泥沙淤积严重，两岸靠堤防挡水，易受洪灾。

建国后，汾河流域的广大人民群众，在党和政府的领导下，对汾河进行了大规模的治理。首先对旧灌区进行配套、改建和扩建，先后建成汾河灌区一坝（太原市上兰村）、二坝（清徐县长头村）和三坝（平遥县南良村）三个引水工程，改过去多口分散引水为集中统一供水，加强管理，使灌溉面积得到快速发展。为了更好地调节径流，发展灌溉面积和满足防洪、城市供水等需要，陆续建成汾河水库、文峪河水库两座大型水库和 13 座中型水库，共控制流域面积 12387 平方千米，占全流域面积的 31.4%，控制年径流量 9.78 亿立方米，占全流域天然年径流量的 37%。15 座水库总库容 13.09 亿立方米。这些水库的建成，对发展灌溉、防洪、供给工业和城市生活用水等发挥了很大作用。

（11）渭河

渭河是黄河的最大支流，位于我国西北黄土高原的东南地区，发源于甘肃省渭源县的鸟鼠山，于陕西潼关注入黄河，全长 818 千米。

渭河流域属于干旱半干旱地区，年平均气温 6℃～14℃，年平均降水量 450～700 毫米，年蒸发量 1000～2000 毫米，无霜期 120～

220天。多年平均径流量102亿立方米（1934～1970年系列），年内变化与降水相似。6～10月为汛期，多暴雨，降水强度大，其中7、8、9月大汛期间的径流占全年的60%～70%。年平均流量323立方米/秒，而实测最大洪峰流量7660立方米/秒（1954年），调查最大洪峰流量10800立方米/秒（1898年）。

渭河流域包括甘肃、宁夏、陕西三省区13个地区86个县市，总面积134766平方千米，其中甘肃占44%，宁夏占6%，陕西占50%。渭河流域地貌复杂，山地包括横贯陕甘的秦岭山脉北坡及六盘山、陇山，断陷盆地包括关中冲积平原及黄土台原，黄土高原包括陇东、宁南、陕北的高原沟壑及丘陵沟壑区。河源至宝鸡峡出口为上游，长430千米，河道狭窄，川峡相间，水流急湍，平均比降1/260。宝鸡峡至咸阳铁桥为中游，长177千米，河床宽浅，沙洲较多，水流分散，为游荡性河床，比降由1/500逐渐变缓为1/1500。咸阳至潼关河口为下游，长211千米，华县船北以下，河道蜿蜒曲折，单股无汊，由于泥沙淤积和受黄河三门峡水库回水影响，河道纵坡由1/5000渐变为1/6000。渭河下游在三门峡水库修建前为输沙

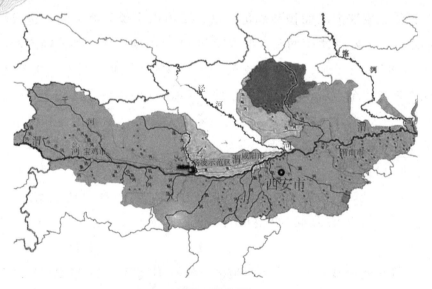

渭河示意图

近于平衡的相对稳定河道,渭河入黄口高程(潼关高程)323米(1000立方米/秒流量水位)。三门峡水库建成后,由于回水淤积影响,潼关渭河入黄高程最高曾到329米,因而影响渭河下游河道也淤积抬高,常有洪泛发生,因而在渭淤36断面以下的208千米,两岸修建堤防控制,并建有一些护滩控导工程。大堤维修及河道整治工程任务较大。后三门峡枢纽经过两次改建并改变水库运用方式,潼关渭河入黄高程有所降低,稳定在326~327米。

渭河流域范围内大部分为深厚的黄土覆盖,质地疏松,且多孔隙,垂直节理发育,富含碳酸钙,易被水蚀;加之历史上长期滥垦乱伐,植被遭到破坏,以及广种薄收、单一经营的农业生产方式,因而水土流失严重,使渭河成为一条多泥沙河流。由于地质构造上的原因,渭河属不对称水系。北岸支流源远流长,主要流经黄土高原,洪枯流量相差悬殊,泥沙含量大,以悬移质为主,是渭河的主要来沙支流。南岸支流较短,主要流经土石山区,比降较大,水流湍急,泥沙以推移质为主,水力资源较为丰富。500平方千米以上的一级支流,北岸汇入的有秦祁河、咸河、散渡河、葫芦河、牛头河、通关河、千河、漆水河、泾河、石川河、北洛河;南岸汇入的有榜沙河、大南河、(耒加昔)河、石头河、黑河、涝河、沣河、灞河。其中泾河、北洛河虽然是黄河的二级支流,但因其流域面积大(泾河45421平方千米、北洛河26905平方千米),年径流量分别为21.4亿立方米及9.97亿立方米,年输沙量分别为3.09亿吨及1亿吨,其径流和泥沙都是黄河支流中较多的河流。加之泾河、北洛河分别在渭河入黄口以上174千米和16千米处汇入渭河,历史上北洛河还曾直接入黄河,与黄河关系密切。因此,习惯上都将这两条河作为黄河的重要支流,视为一级支流,常与渭河本流并称为泾、洛、渭河,并在历次规划中将泾河、北洛河从渭河流域中分离出来单独规划,而渭河治理规划则不包括泾河及北洛河。

建国以来,在治理渭河干支流河道的同时,一系列大型水利工程陆续问世。由我国近代著名水利科学家李仪祉在 20 世纪 30 年代主持兴建的泾惠渠，经过整治扩建，引水能力已由新中国成立前的 16 立方米/秒提高到现在的 50 立方米/秒，灌溉面积相应由 50 万亩发展到 135 万亩，成为一个亩产千斤的先进典型灌区。自从宝鸡峡塬上干渠于 1971 年建成后，引渭灌区灌溉面积已达 300 万亩。1950 年建成的洛惠渠，1976 年扩建了洛西工程，灌地已达 77 万亩。1970 年建成的东方红抽渭灌溉工程，装机容量 25000 千瓦，八级提灌累计最高净扬程 86 米，灌地 130 万亩。1981 年建成的千河冯家山水库，总库容 3.89 亿立方米，可灌地 136 万亩，其引水干渠于 1973 年建成了万米隧洞（实长 12614 米，过水能力 36 立方米/秒）。渭河南岸支流石头河上的石头河水库于 1984 年建成，最大坝高 114 米，总库容 1.47 亿立方米，控制流域面积 672 平方千米。水库设计开发任务是以灌溉为主，结合发电，设计灌溉面积 128 万亩，装机 4 台，总容量 2.15 万千瓦。实际装机 3 台，总容量 1.65 万千瓦。

渭河的主要来沙支流是葫芦河、泾河和北洛河，年输沙量分别为 0.66 亿、3.09 亿、0.97 亿吨。河道来水含沙量大，不仅淤积抬高河床，威胁两岸安全，同时淤库淤渠，给水利工程的建设和管理带来问题。

（12）洛河

洛河，古称洛水，亦作雒水，是黄河三门峡以下最大支流。为了与陕西省境内渭河支流北洛河相区别，20 世纪 50 年代初期曾将伊河入口以下的 37 千米河段称为伊洛河。

流域地势，西南高、东北低。西有华山；北有崤山与黄河干流为界；南有伏牛山和长江水系分水；中部熊耳山，为伊、洛两河的分水岭。流域属暖温带山地季风气候。河谷和丘陵区年平均气温为 12℃～15℃，西部高山区则只有 4℃ 左右。平均年降水量由东北部的 500 毫米增至西南部的 1100 毫米，且年内分配不匀：有 60% 的降水集中在 7～10 月的汛期，多以暴雨形式降落，往往引起较大洪水；

只有30%的水降在3～6月，常有干旱发生。

1955年黄河综合规划报告中称洛河为南洛河。洛河发源于东秦岭华山东南麓陕西省蓝田县木岔沟，东流与黄河平行，经陕西省洛南县和河南省卢氏、洛宁、宜阳、洛阳、偃师等县、市，于巩义市注入黄河。河道全长447千米，平均比降3.68‰。流域面积18881平方千米，其中河南省15808平方千米，陕西省3073平方千米。流域地形地貌特点可概括为"五山四岭一分田"，即山区面积占五成，丘陵区占四成，川地只占一成。

洛　河

洛河支流众多，呈羽状排列，大多流程短、坡降陡，水流湍急。流域面积大于100平方千米的有44条，大于1000平方千米的有两条。最大支流是伊河，由偃师市境注入洛河，河道长265千米，流域面积6029平方千米，占全河流域面积的31.9%。次大支流是涧河，由洛阳市注入洛河，河道长123千米，流域面积1349平方千米。

洛河是黄河流域水多沙少的支流之一。据黑石关站1951～1970年实测，年平均径流量37.6亿立方米。单位面积产水量199万立方米，为黄河流域单位面积产水量的2.6倍；年平均输沙量2600万吨，年平均含沙量6.9千克/立方米，只相当于黄河年平均含沙量的1/5。洛河的洪水是黄河三（门峡）花（园口）间洪水的主要产区之一。据对多次较大洪水资料的分析，洛河洪水的洪量平均占三花间洪量的60%，最多可达70%，而洛河流域面积则只占三花间流域面积的45.4%。因此，在洛河流域采取重大防洪措施，乃是控制三

门峡以下洪水的重大战略布局。

建国后，已建成伊河上的陆浑和洛河上的故县两座大型水库和10座中型水库。陆浑、故县两座水库的建成控制了洛河洪水的主要来源区，不但对洛河本身的防洪、灌溉有显著效益，而且配合三门峡水库和即将建成的小浪底水库，对调节三花间的洪水和削减洪峰都有重要作用。

（13）沁河

沁河古称沁水，是黄河中游三门峡以下左岸的一条大支流，发源于山西省太岳山脉霍山南麓平遥县黑城村（以往曾有发源于山西省沁源县之说）。

沁河流域呈阔叶状，地形北高南低，海拔高程，北部1100～2000米，南部700～1000米，五龙口以下冲积平原为100～150米。流域内大部为山区，河道两岸峰峦重叠，沟壑交错。在支流丹河的高平、晋城一带为泽州盆地，是流域内工农业生产和经济文化集中区。流域地貌可分为4种类型区：①石山林区，分布在流域分水岭一带，占流域面积53.1%，植被较好，水土流失较轻。②土石丘陵区，位于流域中部，占流域面积34.8%，植被较差，水土流失较重，是本流域泥沙的主要来源区。③河谷平川区，包括干支流的河谷平川及缓坡地带，占流域面积10.5%，土地平坦集中连片，水利条件较好，是当地主要农业生产基地和发展灌溉的重点地区。④冲积平原区，即五龙口以下的冲积平原，占流域面积的1.6%，全在河南省境内。

干流自北向南流经沁潞高原，穿太行山峡谷，出五龙口转东流进入沁河冲积平原，到武陟县折向东南流于南贾汇入黄河，汇入口高程96米。干流全长485千米（其中山西省境河长363千米，河南省境河长122千米），河道落差1844米，平均比降3.8‰。按自然特点可分为四段：河源至沁源县孔家坡，河道长69千米，平均比降13.6‰；孔家坡至阳城县润城，河道长235千米，平均比降2.3‰，河谷弯曲窄深；润城至济源市五龙口，河道长 92 千米，平均比降 3.6‰，河谷深切于太行山中，有建高坝的地形条件；五龙口至河口，河道长 89 千米，平均比降 0.5‰，其中武陟以下河口段为 0.2‰，本段流经沁河冲积平原，河床逐年淤高逐渐形成地上河，临背悬差一般 2～4 米，个别河段可达 7～8 米，是沁河的重点防洪河段。沁河流域东部以太行山与浊漳河分水，西部与汾河为邻，南面为蟒河及黄河北岸诸小支流，流域面积 13532 平方千米（其中山西省境 12304 平方千米，河南省境 1228 平方千米）。全流域水土流失面积 10910 平方千米，占流域面积的 80.6%，其中山西省境 10010 平方千米。

沁 河

沁河支流众多，较大的有 47 条，其中河长大于 25 千米的 30 条。丹河是最大的支流，发源于山西省高平市丹珠岭。由北向南经晋城市郊进入太行山峡谷，出峡后流经冲积平原，南行 17 千米于河南省沁阳市北金村汇入沁河左岸，河道长 169 千米（其中山西省境 129 千米），流域面积 3152 平方千米，占全流域面积的 23.3%，其中山西省境 2981 平方千米。丹河的水土流失较干流沁河为轻。沁河的南邻蟒河（古溟水及济水）发源于山西省阳城县花野岭，流经河南省济源、孟州、温县，于武陟县董宋村汇入黄河左岸，干流全长 130 千米，流域面积 1328 平方千米。年平均径流量 113 亿立方米。

在黄河中游诸多支流中，沁河是水多沙少的支流之一。据武陟水文站实测，多年平均径流量 1166 亿立方米，多年平均输沙量 790 万吨（1951～1980 年系列）。武陟水文站控制面积 12894 平方千米，占黄河中游（河口镇至花园口）区间面积的 3.56%，其径流量占黄河中游区间径流量的 6.11%，沙量仅占 0.88%。三（门峡）花（园口）区间洪水是黄河下游洪水来源区之一，习惯上称为下大洪水，如 1958 年、1982 年洪水。沁河流域面积占三花间流域面积的 32.5%，又是构成三花间洪水的主要来源区之一。

沁河防洪事关黄河下游防洪大局，建国后，得到党和各级政府的重视。自 1949～1983 年，经过 3 次大堤加高培修后，防御标准提高到小董水文站 4000 立方米/秒，并在沁河与黄河汇流的夹角地带开辟滞洪区，滞蓄沁河超标准洪水，以确保沁河大堤，特别是北大堤不决溢。

在小董水文站下游，沁河口以上 8 千米处，武陟县沁河大桥上下，有一段长 31 千米、宽仅 330 米的卡口河段，再加以大桥卡水，致使壅水严重，大河又顶冲急弯，左岸堤防安全受到极大威胁，背河又是武陟县城，加高培厚大堤受到限制。为了彻底清除这一险工河段，1981 年 3 月～1988 年 7 月，进行人工改道。从杨庄起，在右岸开辟新河，河宽 800 米，原 35 千米卡口河段及大桥置于背河，原左大堤作为二道防线，原河床作为新左大堤的后戗平台。改道后临背悬差削减 7 米左右，使设防水位降低 18 米左右，河道裁弯取直，大堤缩短 197 千米，并消除了壅水，保障了防洪安全，使 1982 年 4130 立方米/秒的洪峰流量得以顺利通过。

（14）大汶河

大汶河，主流发源于泰莱山区沂源县松崮山南麓的沙崖子村，自东向西流经莱芜、新泰、泰安、肥城、宁阳、汶上、东平等县、市，又经东平湖流入黄河。上游沂源—泰安段又称牟汶河；下游东平境内也叫大清河。大汶口至戴村坝为中游，称大汶河，戴村坝以下为下游称大清河，在东平县马口入东平湖。大汶河主流全长 208 千米，其中在泰安市境内 156.5 千米，再由东平湖陈山口、清河口出湖闸泄入黄河，为黄河的最末一条大支流，也是泰安市唯一的大

型河道。大汶河从源头至入湖口，自然落差 362 米，总流域面积 9069 平方千米。

从大汶口镇向上追溯，统称为汶河上游，由众多支流组成，比较主要的有牟汶河、柴汶河、石汶河、泮汶河、瀛汶河等五大支流，在大汶口镇以上完成了汇合，俗称五汶汇流。

大 汶 河

大汶口以上分北支牟汶河和南支柴汶河，以北支牟汶河为主流。北支牟汶河，流域面积 3711 平方千米，其中泰安市境内 1572 平方千米，河道长 119.6 千米，落差 152 米，河底比降 1.4‰。主要支流有瀛汶河、石汶河、芝田河和泮汶河；南支柴汶河，发源于沂源县西南部牛栏峪一带，东流至周科峪西折向西南流，穿新泰县东周水库，经新泰、宁阳县境至大汶口入主流牟汶河。因流经汉柴县故城，故名柴汶。流域面积 1944 平方千米，全长 116 千米，其中泰安市境内 107 千米，落差 153 米，比降 1.4‰，沿途有平阳河、光明河、羊流河、禹村河汇入；中游为平原河道，河长 60 千米，落差 44 米，比降 0.73‰，均为复式河槽，主要支流有漕河、浊河；下游为湖东区平原河道，长 29 千米，河底比降 0.34‰，注入的支流均在北岸，主要有汇河和跃进河。

大汶河，历史上流域及名称多次变迁。北魏时期，汶水是济水的支流。入东平境后，经郈城西南、桃乡城西（今戴村坝址），过无盐城（今无盐村）南，西南经寿张城（今霍庄）北、安民亭（小安山）南，入济水。北宋时期，梁山泊（古大野泽）以北的济水（北清河）与汶水合流，又名大清河，汶水成为大清河的支流。宋咸平以后，黄河多次溃决。东平城南二汶入济河道淤塞，一绕东平城东，夺漆沟下游北流；一绕城南相会于马家口，全流至清河门入大清河。明永乐九年（公元1411年），开复会通河，引汶济运，宁阳以北筑堽城坝，以遏入堽之流；坎河口以南筑戴村坝，以遏入海之路。清咸丰五年（公元1855年）黄河夺清入海后，汶河成为黄河下游最末一条大支流。汶之入黄口又北移鱼山。建国后，大汶河自郓城以东倒沟子埝堤入县境。1958年东平湖水库建成后，汶水漫坝会大清河入东平湖，经陈山口出湖闸入黄河。

2. 主要湖泊

（1）扎陵湖和鄂陵湖

扎陵湖和鄂陵湖位于青海省中南部的玛多县境内，距西宁市600多千米，黄河源头两个最大的高原淡水湖泊，是黄河源头地区众水汇合之所，素有"黄河源头姊妹湖"之称。

"扎陵"是蒙古语，意为"灰白色的长湖"，古称"柏海"。黄河从巴颜喀拉山北麓的卡日曲和约古宗列曲发源后，经星宿海和玛曲河（又名孔雀河），首先注入扎陵湖。扎陵湖东西长，南北窄，酷似一只美丽的大贝壳，镶嵌在黄河上，湖的面积达526平方千米，平均水深约9米，蓄水量为46亿立方米。扎陵湖水色碧澄发亮，湖心偏南是黄河的主流线，看上去，仿佛是一条宽宽的乳黄色的带子，将湖面分成两半，其中一半清澈碧绿，另一半微微发白，所以叫"白色的长湖"。

黄河在扎陵湖经过一番回旋之后，在巴颜郎玛山南面，进入一条300多米宽的很长的河谷，河水在这里分成九股道，散乱地穿过峡谷，流入鄂陵湖。鄂陵湖位于扎陵湖之

鄂　陵　湖

东。鄂陵湖与扎陵湖的形状恰好相反，鄂陵湖东西窄、南北长，犹如一个很大的宝葫芦。湖的面积为 628 平方千米，比扎陵湖大 100 平方千米，平均水深 17.6 米，最深可达 30 多米，蓄水量为 107 亿立方米，相当于扎陵湖的一倍多。鄂陵湖水色极为清澈，呈深绿色，天晴日丽时，天上的云彩，周围的山岭，倒映在水中，清晰可见，因此叫"蓝色的长湖"。

扎陵湖有供鸟类栖息的岛屿，而鄂陵湖有一个专供鸟儿们会餐的天然场所，人称"小西湖"，又称"鱼餐厅"。每年春天，黄河源头冰雪融化，河水上涨，鄂陵湖的水漫过一道堤岸流入小西湖，湖中的鱼儿也跟着游进来。待到冰雪化尽，水源枯竭时，湖水断流，并开始大量蒸发，潮水迅速下降，鱼儿开始死亡，而且被风浪推到岸边的沙滩上，鸟儿们就可以美美地饱餐一顿。

扎陵湖和鄂陵湖海拔 4300 多米，比中国最大的内陆湖泊青海湖高出 1000 多米，是名副其实的高原湖泊。这里地势高寒、潮湿，地域辽阔，牧草丰美，自然景观奇妙，是难得的旅游观光胜地。现在，扎陵湖和鄂陵湖地区，已成为青海省重要的牧业基地和渔业生产基地。

（2）青海湖

青海湖，古代称为"西海"，又称"鲜水"或"鲜海"。藏语叫做"错温波"，意思是"青色的湖"；蒙古语称它为"库库诺尔"，即"蓝色的海洋"。由于青海湖一带早先属于卑禾族的牧地，所以又叫"卑禾羌海"，汉代也有人称它为"仙海"。从北魏起才更名为"青海"。

青海湖地处青藏高原的东北部，是我国第一大内陆湖，也是我国最大的咸水湖。它浩瀚缥缈，波澜壮阔，是大自然赐予青海高原一面巨大的宝镜。青海湖面积比著名的太湖大一倍还要多。湖面东西长，南北窄，略呈椭圆形。乍看上去，像一片肥大的白杨树叶。

青海湖湖面海拔 3000 多米，比两个东岳泰山还要高。由于这里

地势高，气候十分凉爽。即使是烈日炎炎的盛夏，日平均气温也是有15°C左右，是理想的避暑消夏的胜地。

青海湖地域辽阔，湖的四周被四座巍巍高山所环抱：北面是崇宏壮丽的大通山，东面是巍峨雄伟的日月山，南面是逶迤绵绵的青海南山，西面是峥嵘嵯峨的橡皮山。举目环顾，犹如四幅高高的天然屏障，将青海湖紧紧环抱其中。

青海湖以盛产湟鱼而闻名，鱼类资源十分丰富。很值得提及的是，这里产的冰鱼较为著名。每到冰季，青海湖冰冻封

青海湖湟鱼

后，人们在冰面钻孔捕鱼，水下的鱼儿，在阳光或灯光的诱惑下便自动跳出冰孔，捕而烹食，味道鲜美。

青海湖一带所产的马在春秋战国时代就很著名，当时被称为"秦马"。以后的隋唐时代，这里产的马经过与"乌孙马"、"血汗马"交配改良，发展成为独具特色的良马。

青海湖的神奇秀美更是吸引着万千游人，成为中外旅游者饱览自然景观、人文景观和学者考察的宝地。

（3）乌梁素海

乌梁素海，位于巴彦淖尔市乌拉特前旗境内，呼和浩特、包头、鄂尔多斯三角地带的边缘，它是全国八大淡水湖之一，总面积300平方千米，素有"塞外明珠"之美誉。

乌梁素海蒙古语意为杨树湖。此地原是生长杨树的低洼地，并有一段古北河遗留下来的河迹湖，面积不过20公顷，后因山洪和河套灌区退水汇集于此，而形成了今日的乌梁素海。

乌梁素海其形成与黄河主流改道有关，最早的黄河沿狼山南侧的乌加河作主流东流，后因地壳隆起，黄河受阻急转南流，冲出一个较大的洼地，这就是乌梁素海的前身，以后，由于风沙东侵和狼山南侧的洪积扇不断扩展，致使河床抬高，乌加河被泥沙阻断，河水溢流到洼地形成了乌梁素海，而黄河主流被迫改由南侧东流。现代乌梁素海主要靠乌加河和长济渠、民复渠等灌溉的尾水补给。水深 0.5~1.5 米，最大水深约 4 米，蓄水量 2.5 亿~3 亿立方米。水的矿化度呈上升趋势，20 世纪 70 年代初为 4 克/升。70 年代后期，矿化度上升到 6 克/升。湖中饵料充足，鱼类资源丰富，除盛产鲤鱼外，还有鲫、草、鲢等 20 多个鱼种。芦苇、蒲草资源亦很丰富。

乌梁素海南北长 50 千米，东西宽 20 千米，湖面上生长着茂盛的芦苇和蒲草，在浩瀚的湖水中生息着鲫、草、鲢、赤眼等 20 多种鱼类。这里尤其以盛产黄河大鲤鱼而蜚声内蒙古。每到春、夏、秋三季，锦鳞跳跃，鸟语花香，有 130 多种珍禽异鸟在这里安家落户，生息繁衍，其中有列入国家重点保护的疣鼻天鹅、大天鹅、斑嘴鹈鹕和琵琶鹭等。

乌梁素海湖面银光朗映，水天一色，万顷空明，波光浩渺。每到春夏之际，绿荫绰绰，湖水和蒲草相得益彰，蓝天与碧波交相辉映，使乌梁素海平中溢情，平中见美。阿力奔草原南端的乌拉山奇峰矗立，怪石嶙峋，置身山顶向西北眺望，湖、原、山三大景观尽收眼底。美丽的自然景观，吸引了众多的中外游客慕名而来，观赏游玩。

（4）东平湖

东平湖总面积 626 平方千米，常年水面 124.3 平方千米，平均水深 2.5 米，蓄水总量 40 亿立方米。

东平湖古时称蓼儿洼、大野泽、巨野泽、梁山泊、安山湖，到清朝咸丰年间才定名称为东平湖，她是《水浒传》中八百里水泊唯一遗存水域，1985 年被山东省人民政府公布为省级风景名胜区，同

时也是山东省推出的水浒旅游线路中的重要景区。

东平湖西近京杭大运河，东连大汶河，北通黄河。她过去是漕运要枢，现在蓄水滞洪，无论过去和现在她都起到重要的作用，即将实施的我国南水北调东线水利工程，东平湖将起到更为重要的作用。

东平湖水质肥沃，无污染，湖产资源丰富，生长的鲤鱼、鳜鱼、甲鱼、鲫鱼、鲶鱼、大青虾，田螺等50多种名贵鱼类、贝类，菱角、鸡斗米、莲藕等十几种水生植物。麻鸭蛋、松花蛋、菱米、芡实等水产品畅销国内外市场，各种鱼类都是餐桌上美味可口的佳肴，味道鲜美的全鱼宴、全湖宴是东平湖特有的地方名吃。

东平湖，三面环山，景色优美，素有"小洞庭"之称。沿湖文物古迹遍布。湖东岸是水浒英雄头领宋江攻打东平府城驻地，有后汉东平国宪王刘苍及其后代墓葬地，有称为东平古八景之一的"黄石悬崖"。西岸有我国古代著名的京杭大运河故道，有水浒英雄晁盖等好汉初聚地司里山，有国家森林公园腊山，有明朝万历七年修建的寺院"月岩寺"。北岸有唐朝大将程咬金的"程公祠"，著名的农民起义领袖"楚霸王"墓地，有风景秀丽的铧山景点，有北齐名僧安道一书写的洪顶山摩崖刻经。湖东南方有宋朝时东平郡太守刘敞修建的乐郊池亭遗址。"唐宋八大家"之一的欧阳修泛舟梁山泊，登上乐郊池亭曾写道："乐郊何所乐？所乐从公游……有山在其东，有水出逶迤。有台以临望，有沼以游嬉。仰俯迷上下，朱栏映清池，草木非一重，青红随四时。""乐郊池亭"是当时一处公园，欧阳修到公园游玩数日发出感想。在乐郊有何乐呢？乐就到此地来游玩，可见在古代东平湖就是一处游玩的好去处。东平湖水下还淹埋着隋代建筑清水石桥，由于黄河决口，形成水泊，淹埋水下，已无法看到它的真面貌，据考证，此桥建于隋仁寿元年（公元601年），桥长四百五十尺，比河北赵州桥还早5年，唐代诗人高适看到此桥之后就留下了："沙岸泊不定，石桥水横流"的诗句。据记载：石桥是在宋咸平三年被淹没的。

东平湖中的小岛叫"土山岛"，岛呈椭圆形，据说历史上曾是九省御道，设有重兵把守，历代都是军事要塞，更是水浒传中水浒英雄出没之地，传说"智取生辰纲"之后，晁盖、吴用、公孙胜、刘唐、阮氏三雄七个水浒头领为

藏梅寺

了躲避官府缉拿，便来到此岛寺院聚义，所以也称"聚义岛"。晁盖死后，就葬于此岛，岛上原有一寺庙叫"观音堂"，由于晁盖生前喜爱梅花，为纪念晁盖，后人便把观音堂改称为"藏梅寺"。寺内原有口大钟，与东平府院内的大钟合称为"姊妹钟"，撞击其中一个，另一口大钟则应声而和。现如今寺院已毁，仅存钟架、残垣、断碑。岛上还留有"洄源亭"遗址。洄源亭是唐朝著名诗人，东平郡太守苏源明所建。建成之后，他曾邀请濮阳太守、鲁郡太守、济南太守、济阳太守一同来洄源亭饮酒赏景，他们看到这么美好的景色，就把东平湖誉为"小洞庭"，吟诗作对中苏源明这样说道："小洞庭兮牵方舟，风袅袅兮离平流；牵方舟兮小洞庭，云微微兮连绝"，意思是说船随纤绳驶进"小洞庭"，轻柔的风吹拂在水面上，淡淡的白云连着岸边的绝壁形成一幅壮观的图画。宋代文学家苏辙夜过东平湖（梁山泊），为"小洞庭"美妙的夜色所陶醉，也留下了"更须月出波光净，卧听渔家荡桨声"的美好诗句。

东平湖的自然景观吸引了历代众多的文人墨客，李白、韩愈、白居易、李商隐、辛弃疾等文人都曾留下了许多脍炙人口的诗篇。

东平湖是《水浒传》中八百里水泊遗存水域，施耐庵所著的《水浒传》这部书中的开头语就写道："宛子城中藏虎豹，蓼儿洼内

聚蛟龙",当年的蓼儿洼就是现在的东平湖。水浒英雄战官军、仗义疏财、杀富济贫、都曾在这片水域中出没，几百年过去了，虽不见当年水兵厮杀场景，但是有关水浒英雄，梁山泊好汉的故事传说，至今还在当地广为流传。

传说宋朝末年，宋江在郓城县衙当押司时，他带领官兵押船运粮，来到此水域，忽见十几条小船直逼粮船，短短的时间就把粮袋装入小船驶向芦荡。其实那十几条小船是由梁山好汉朱贵带领的，宋江与朱贵有八拜之交，与梁山好汉义气深重，水上劫粮是他们早已约定好的，劫粮之后，宋江、朱贵就把粮食分给安山一带的平民百姓。因此当地百姓就凑钱给宋江立了一块石碑，为了不让官府发觉，碑上就没有刻上碑文，如今这块碑就在湖的南岸，可惜石碑只剩半截，已成残石断碑。

《水浒传》中"阮氏三雄"的故乡，就在湖的西岸石庙村，石庙村原叫石碣村。阮氏兄弟共有七人，个个武艺高强，不畏强暴，杀富济贫，兄弟几人靠打鱼为生，先后有四个兄弟离开人间，只剩下阮小二、阮小五、阮小七三个弟兄，因他们兄弟抗官府、杀渔霸，被梁山泊农民起义军军师吴用所闻知，便几次密访石碣村，诚邀三兄弟同聚大义，几次密谋之后，阮氏三兄弟欣然同意，随吴用一起投奔晁盖，在"智取生辰纲"之后，又随同晁盖一同奔上梁山。阮小二、阮小五被封为节义郎，阮小七授盖天军都统制之后，遭别人陷害，又回到此地，仍以打鱼为生，年过六十离开人间，当地百姓尤其是阮氏族人为纪念阮氏三兄弟，就在村内建起了"三贤殿"。如今这一带还流传着这样的歌谣："吴用石碣访三贤，水泊梁山闹翻天，天下英雄大聚义，百姓扬眉是青天"。

昔日的梁山泊是水浒传中的古战场，今日的东平湖便是旅游观光好去处，当游客划水桨，乘舟艇观赏湖光山色的同时，可联想到八百年前水泊旧观，体味出当年梁山好汉泛舟之意趣。

六 主要水利枢纽、桥梁建设和石窟

(一) 水利枢纽

为了治理黄河水害，开发黄河蕴含的水力资源，人们在黄河上修建了各种各样的水利枢纽，以控制和调配水流。水利枢纽工程的修建，也使河流里面蕴含的水能又被转换成了另外一种清洁能源——电能。水利枢纽工程在解决黄河水害、开发利用黄河资源等方面发挥了重要作用。

1. 龙羊峡

龙羊峡位于青海共和县境内的黄河上游，是黄河流经青海大草原后，进入黄河峡谷区的第一峡口，峡口只有30米宽，坚硬的花岗岩两壁直立近200米高，是建立大坝的宝地。上距黄河发源地1684千米，下至黄河入海口3376千米，是黄河上游第一座大型梯级电站，人称黄河"龙头"电站。

"龙羊"系藏语，"龙"为沟谷，"羊"为峻崖，即峻崖深谷之意。峡谷西部入口处海拔2460米，东端出口处海拔2222米，河道天然落差近240米，龙羊峡水电站就建在峡谷入口处。

龙羊峡水电站最大坝高178米，为国内和亚洲第一大坝。坝底宽

龙羊峡水利枢纽

80 米，坝顶宽 15 米，主坝长 396 米，左右两岸均高附坝，大坝全长 1140 米。它不仅可以将黄河上游 13 万平方千米的年流量全部拦住，而将在这里形成一座面积为 380 平方千米、总库密量为 240 亿立方米的中国最大的人工水库。电站总装机容量 128 万千瓦（安装 4 台 32 万千瓦水轮发电机组），并入国家电网，强大的电流源源不断输往西宁、兰州、西安等工业城市，并将输入青海西部的柴达木盆地和甘肃西部的河西走廊，支援中国西部的现代化建设。

龙羊峡水电站自投入运行到 2001 年 5 月 25 日，已安全发电 546.24 亿千瓦时，创产值 40.8 亿元；为西北电网的调峰、调频和下游防洪、防凌、灌溉及缓解下游断流发挥了重要作用，是黄河干流其他水电站都无法替代的。为促进青海经济发展奠定了基础，同时也为龙羊峡地区的旅游、养殖和改变区域环境创造了条件。龙羊峡人工水库已成为美丽的旅游景点，大坝锁黄河，高峡出平湖。碧波荡漾，湖光山影，乘游船绕湖一周，苍穹碧野，心旷神怡，游客才顿然悟到，黄河水在这里是"清"的，清清的黄河水，是大自然的赋予，是人们对黄河利用和改造的结果。

2. 李家峡

李家峡位于尖扎县和化隆县交界处，是黄河上游青海省境内继龙羊峡水电站之后已建成的第二座大型梯级水电站。

李家峡水电站是"八五"国家重点工程，由国家投资和青海、甘肃、陕西、宁夏 4 省区集资建设。电站

李家峡水利枢纽

拦河大坝为三圆心双曲拱坝，坝长 414.39 米，坝高 155 米，坝顶宽 8 米，坝底宽 45 米。水库库容 16.5 亿立方米，为日、周调节。电站以发电为主兼有灌溉等综合效益，安装有 5 台单机容量为 40 万千瓦的水轮发电机组，总装机容量 200 万千瓦，年平均发电量 59 亿千瓦时，水库总库容量为 16.5 亿立方米。电站与西北 330KV 电网联网，主供陕、甘、宁、青三省和宁夏回族自治区，在系统内承担调峰、调频，它不仅是目前西北地区最大的水电站，而且是我国首次设计采用双排机布置的水电站，也是世界上最大的双排机水电站。

库区"人工湖"面积达 32 平方千米，水面辽阔，水质优良，是发展水产养殖业的理想场所。湖水碧绿，夏秋时节游客可在湖中泛舟、垂钓，冬春季节可观赏高原雪景，它给美丽古老的坎布拉风景区增添了一处特有的高原人文景观。

3. 刘家峡

刘家峡在甘肃省永靖县内，距离兰州市 80 千米的路程，位于临夏永靖县城西南 1 千米处，是第一个五年计划期间，我国自己设计、自己施工、自己建造的大型水电工程，为黄河上游开发规划中的第 7

刘家峡水利枢纽

个梯阶电站，兼有发电、防洪、灌溉、养殖、航运、旅游等多种功能。刘家峡水库蓄水容量达 57 亿立方米，水域面积达 130 多平方千米，呈西南—东北向延伸，达 54 千米。拦河大坝高达 147 米，长

840 米，大坝右岸台地上，修建有长 700 米，宽 80 米的溢洪道。大坝下方是发电站厂房，在地下大厅排列着 5 台大型发电机组，总装机容量为 122.5 万，达到年发电 57 亿度的规模。1964 年建成后成为

当时中国最大的水利电力枢纽工程,被誉为"黄河明珠",每年将57亿度的强大电流,送往陕西、甘肃、青海。

水库地处高原峡谷,景色壮观。黄河之水天上来,到了刘家峡,却来了个大回转,向西流去,所谓九曲黄河,在刘家峡就能够看到一曲,电站的拦河大坝就锁在这段河谷中,站在黄河单拱第一桥面上,电站主坝一览无余。从大坝乘坐仿古游艇到库区游览,驶到洮河口,携有大量泥沙,浑浊不堪的洮河水注入水库,立即与清澈的黄河水形成泾渭分明的两股水流,但浊流很快被清波吞没,这也是一个奇景。

黄河过刘家峡流到兰州之前,汇入了洮河。大通河和湟水等大支流。在兰州以上,黄河的含沙量不多,即使在洪水期,含沙率也是5%左右。泥沙的主要来源是上述支流,来自干流的很少。根据观测记录所得,在兰州以上的流域地区,每平方千米所流失的泥沙,每年平均约为1000吨。

刘家峡水库建成后,对下游兰州、银川等城市的工业用水能够保证水量供应,同时还促进了甘肃的渔业发展,库区的水上运输及参观旅游形成了一派繁荣景象,活跃了少数民族的经济。

4. 青铜峡

青铜峡水利枢纽位于黄河中下游,宁夏青铜峡峡谷出口处,是国家"一五"期间的重点建设项目,是我国自行设计、建造的黄河干流继三门峡之后兴建的第二座水电站,也是一座以灌溉、发电为主,兼有防洪、防凌功能的综合性水利枢纽工程。

青铜峡水立枢纽于1958年开始兴建,1967年基本竣工。水库坝长697米,坝高42米,有7孔溢流坝,3孔泄洪闸。除河床水电站外,还在两岸各建一水电站。为宁夏的工农业生产提供了充足的电力。黄河出祁连山进入宁夏后开始由西向北流,经青铜峡后分为几个河道(灌渠),因此青铜峡水库对这个地区的灌溉起着非常重要的作用,它的建成,结束了宁夏平原2000多年来无坝引

青铜峡水利枢纽

水灌溉的历史，使灌溉面积扩大了500多万亩，使宁夏成为全国稳产、高产的商品粮基地，减少了黄河宁蒙河段冰凌的危害，为西北电力工业和宁夏工农业发展、生态环境治理做出了重大贡献。过去工业基础薄弱的宁夏，迅速发展起电力、冶金、煤炭、机械、化工、食品、医药、纺织等现代工业。

青铜峡水电站是国内唯一、世界上最大的闸墩式水电站之一，是低水头发电站。河床8个电站与7个溢流坝相间布置，电站两侧的支墩就是溢流坝闸门的闸墩。电站进水口机组下方设计了两孔（8号机组1孔）排沙泄水底孔，电站断面孔洞占50%，孔洞多、管路长。这种坝型是否适合青铜峡水利枢纽，施工初期曾引起长期激烈争论。1959年，国家水电部副部长钱正英指示"按闸墩式电站布置，作为我们国家水电建设的一次尝试"，才最终建成了中国第一座闸墩式电站。电站设计的排沙泄水底孔，成功地解决了多泥沙河流上坝前淤积的难题，为水利枢纽长期正常运用提供了保证。泄水管进口在电站机组进水口下方，绕过机组锥管，出口设在机组尾水管上方，是一空间且变断面的曲线形水道。

50年来，青铜峡水利枢纽工程走过了开发、建造、完善、发展的成长过程，创造了一个又一个辉煌，至今仍然发挥着重大作用，支撑着宁夏经济社会发展和600万人民生息的半壁江山，使著名的"塞上江南"变得更加美丽富饶。

5. 三门峡

三门峡市位于河南省西部，河南、山西、陕西三省交界处，是伴随着黄河第一坝——三门峡水利枢纽的建设而崛起的一座新兴城市。相传大禹治水，使神斧将高山劈成"人门"、"神门"、"鬼门"三道峡谷，河道中由鬼石和神石将河道分成三流，如同有三座门，三门峡由此得名。

黄河三门峡大坝风景区位于河南省三门峡市区东北部，距市区30千米，三门峡水利枢纽工程于1957年4月13日正式动工，1958年11月25日截流成功，1960年9月15日正式蓄水，1961年4

三门峡水利枢纽

月主体工程基本竣工。它是我国在黄河干流兴建的第一座大型水利枢纽工程，三门峡大坝被誉为"万里黄河第一坝"。因泥沙淤积严重，1965年开始改建，1975年12月完成。改建后的三门峡水利枢纽工程，在防洪、防凌、灌溉、发电等方面都更能发挥其综合水利效益。

黄河上的第一座大坝选择建在三门峡，是因为三门峡具备当时建坝的多种有利条件：一是三门峡谷是黄河中游河道最狭窄的河段，便于截流；二是黄河三门峡谷水流湍急，建坝后容易发电；三是三门峡谷属石质峡谷，地质条件优越；四是人门、鬼门、神门三岛属岩石岛结构，可作为坝基，有利于施工导流；五是三门峡位于黄河中游的下段，是黄河上的最后一道峡谷，拦洪效果最佳；六是控制流域面积大，能最大限度地减轻下游水害。

三门峡大坝建成后，每年的10月至次年的6月库区蓄水时，黄河便在三门峡谷形成了一个美丽的湖泊，面积约 200 平方千米。从三门峡大坝至山西芮城大禹渡 120 千米间，碧波粼粼，一望无际，似天池银河。两岸青山绿树，绵延不断，水光山色，相映如画。春秋冬三季，野鸭成群，大雁结队，珍贵的白天鹅飞翔在蓝天碧水之间。而每年的 6～10 月，大坝泄洪放水，怒涛翻卷，峡谷轰鸣，水花飞溅，彩虹凌空，蔚为壮观。站在三门峡大坝上可饱览"不尽黄河滚滚来"的雄伟气势。

三门峡水利枢纽建成至今已发挥了巨大的社会效益和经济效益，为黄河岁岁安澜做出了积极的贡献，如今三门峡水利枢纽已成为旅游胜地，寻古抚今，使人流连忘返，黄河三门峡水利枢纽这颗明珠正绽放出她更加璀璨夺目的光芒。

6. 小浪底

小浪底水利枢纽位于三门峡水利枢纽下游 130 千米、河南省洛阳市以北 40 千米的黄河干流上，控制流域面积 69.4 万平方千米，占黄河流域面积的 92.3%，是黄河中游最后一段峡谷的出口。

小浪底水利枢纽放水

黄河小浪底水利枢纽工程是黄河干流上的一座集减淤、防洪、防凌、供水灌溉、发电等为一体的大型综合性水利工程，是黄河干流三门峡以下唯一能够取得较大库容的控制性工程，既可较好地控制黄河洪水，又可利用其淤沙库容拦截泥沙，进行调水调沙运用，减缓下游河床的淤积抬高。小浪底工程浩大，总工期 11 年。工程全部竣工后，水库面积达 272.3 平方千米，控制流域面积 69.4 平方千米；总装机容量为 156 万千瓦，年平均发电量为 51 亿千瓦时；防洪标准由目前的六十年一遇，提高到千年一遇；每年可增加 40 亿立方米的供水量。

小浪底工程由拦河大坝、泄洪建筑物和引水发电系统组成。拦河大坝采用斜心墙堆石坝，设计最大坝高 154 米，坝顶长度为 1667 米，坝顶宽度 15 米，坝底最大宽度 864 米。泄洪建筑物包括 10 座进水塔、3 条导流洞改造而成的孔板泄洪洞、3 条排沙洞、3 条明流泄洪洞、1 条溢洪道、1 条灌溉洞和 3 个两级出水消力塘。引水发电系统也布置在枢纽左岸。包括 6 条发电引水洞、地下厂房、主变室、闸门室和 3 条尾水隧洞。

黄河小浪底风景区是以黄河中下游水利枢纽工程、峡谷河流为主要特色，体现黄河山水风光和历史文化的大型山岳湖泊型风景区，是小浪底景区内最具特色的风景线之一，是旅游者观赏黄河沧桑巨变的一大景观。一年一度的调水调沙活动，气势雄伟，媲美钱塘潮。水库蓄水后在大坝上游所形成的浩渺水面、曲折河巷与雄伟山势竞相生辉，构成了"北国山水好风光——黄河小浪底"。

（三）桥梁建设

1. 龙羊黄河公路大桥

青海龙羊黄河公路大桥为单悬索加劲钢桁架式大桥，跨度为 100 米。该桥于 1994 年 12 月开工建设，1996 年 10 月建成通车。

2. 兰新铁路黄河大桥

兰新铁路黄河大桥位于甘肃省兰州市西固区河上镇，是建国后在黄河上建造的第一座大铁桥。大桥全长 278.4 米。该桥于 1954 年 4 月动工修建，1955 年 7 月 1 日建成通车。

3. 银川黄河公路大桥

银川黄河公路大桥全长 1219.9 米，宽 23 米，主孔跨径为 90 米，是一座预应力钢筋混凝土 T 型刚结构桥。该桥于 1994 年 7 月建成通车。

4. 叶盛黄河公路桥

叶盛黄河公路桥位于宁夏回族自治区吴忠市与灵武县之间，是宁夏回族自治区自己设计施工的第一座黄河公路大桥。大桥全长452.7米，两座引道桥共长217米，引道全长6.5千米。该桥于1970年12月建成通车。

5. 中宁黄河公路大桥

中宁黄河公路大桥位于宁夏回族自治区中宁县城以北94千米的石空渡口处。大桥全长926米，宽12米，21孔，行车道宽9米，两侧各设1.5米的人行道。该桥于1983年12月正式动工兴建，1986年7月建成通车。

6. 石嘴山黄河公路大桥

石嘴山黄河公路大桥位于宁夏回族自治区石嘴山市东郊渡口，是连接宁夏与内蒙古的交通枢纽。大桥全长551.28米，桥头引道1000米，桥面宽12米，主桥4孔长300米，孔跨度达90米，是一座大跨度T型刚构桥梁。该桥于1987年3月开工兴建，1988年10月建成通车。

7. 中卫黄河公路大桥

中卫黄河大桥是宁夏回族自治区"八五"跨"九五"的重点建设工程项目，是中（卫）静（宁）公路跨越黄河的重要桥梁。大桥全长1116.63米，引道长883.37米，桥面宽度为14米。该桥于1997年6月建成通车。

8. 包头黄河公路大桥

包头黄河公路大桥位于内蒙古包头市南端，全长810米，宽12米，是当时中国建成的跨径最大的多点顶推法施工的连续桥梁。该桥于1983年10月建成通车。

9. 包头黄河铁路大桥

包头黄河铁路大桥是包神铁路的咽喉。大桥全长856米，共有14个墩台、13个孔，是一座单线铁路桥。该桥于1987年9月建成通车。

10. 乌海黄河公路大桥

乌海黄河公路大桥位于内蒙古乌海市，是国家"七五"期间重点建设项目。大桥主桥长530.6米，上部结构为八孔一联预应力混凝土连续箱梁。该桥于1988年9月建成通车。

11. 潼关黄河铁路大桥

潼关黄河铁路大桥地处陕西潼关，位于潼关联络线上，全长1180米。该桥于1970年6月建成。

12. 乡韩黄河公路大桥

乡韩黄河公路大桥位于陕西省韩城市枣庄乡和山西省乡宁县惠岭乡之间的黄河大峡谷上，建设项目总投资9690万元，乡宁方投资5426.54元，陕西省私营企业——韩城矿业开发有限公司投资4263.6万元。桥梁总长543米，宽12米，桥高47米，分3车道，是黄河上的最高桥。两岸二级配套公路总长42千米。该桥于1997年12月8日开建。1998年11月20日实现整体合龙。1998年12月8日建成。1999年12月正式通车。大桥运营后，年运煤150万吨，是黄河上第一座有私营股份参股的大桥。是山西省临汾地区直接入陕的首条通道。

13. 三门峡黄河公路大桥

三门峡黄河公路大桥位于山西省平陆县和河南省三门峡市之间，是黄河的第五座特大型公路大桥，是河南省首次建成的大跨径单箱单室连续刚构桥，是国道209线联结晋、豫两省、沟通南北交通的咽喉工程。大桥全长1310米，宽18.5米，高50米，最大跨径160米。该桥于1991年11月开工兴建，1993年12月正式通车。

14. 风陵渡黄河公路大桥

风陵渡黄河公路大桥位于山西省最南端，是国家"八五"重点工程。大桥全长1410米，宽12米，桥墩高20米，主孔桥跨度114米。该桥于1992年4月奠基开工，1994年11月竣工通车。1994年

1 月江泽民总书记为大桥题写桥名。

15. 郑州黄河铁路桥

黄河上的第一座正式桥梁是由比利时工程公司承包修建的郑州黄河铁路桥。该桥 1903 年开工，1906 年竣工。到 1949 年中华人民共和国成立时，在黄河上只有郑州黄河铁桥、泺口黄河大桥和兰州的公路桥等 3 座由外国人设计、施工的桥梁。新中国成立后，陆续在黄河上建成几十座大桥，使黄河天堑变成了通途。

16. 郑州黄河大桥

郑州黄河大桥位于原黄河铁桥的下游 500 米处，是京广线上的复线铁路桥，全长 2889.8 米，有 71 孔、72 个桥墩，每孔跨度为 40.7 米。该桥于 1958 年 5 月动工修建，1960 年 4 月建成通车。

17. 郑州黄河公路大桥

郑州黄河公路大桥位于郑州市北郊 15 千米的花园口与北岸原阳县刘庵村之间。大桥全长 5549.86 米，宽 18.5 米，中间 9 米为快车道，两边各有 1 米宽的人行道和 3.5 米宽的慢车道。该桥于 1984 年 7 月开始动工，1986 年 9 月建成通车。邓小平为大桥题写了桥名。

18. 连地黄河铁路大桥

连地黄河铁路大桥地处河南孟津，位于焦枝线上，全长 917 米。该桥于 1970 年 6 月建成。

19. 洛阳黄河公路大桥

洛阳黄河公路大桥位于河南省黄河中下游交界处的孟津县和孟县之间，全长 3428.9 米，宽 11 米。该桥于 1977 年 1 月建成通车。

20. 洛阳黄河大桥

洛阳黄河大桥是国家"八五"重点工程，位于焦枝铁路复线上，全长 2802.76 米。该桥于 1994 年竣工。

21. 长东黄河铁路大桥

长（垣）东（明）黄河铁路大桥位于河南长垣县与山东东明县交界处，大桥全长（包括引桥）10282 米。大桥上还设有长 1.24 千

米的会让站，使对开的列车在这座单线铁路桥上可以会让通过。该桥于 1984 年 2 月正式开工修建，1985 年 10 月建成通车。

22. 开封黄河公路大桥

开封黄河公路大桥位于河南省开封市以东约 20 千米处，全长 4445.09 米，宽 18.5 米，大桥南北引道总长 10.2 千米，全桥有 108 孔。该桥于 1988 年 2 月动工修建，1989 年 12 月建成通车。国家主席杨尚昆为大桥题写了桥名。

23. 北镇黄河大桥

孙口黄河特大桥位于山东省梁山县和河南省台前县交界处的黄河上，是京九铁路的一部分。大桥全长 6685 米，共 148 孔，151 个墩台，是黄河上最长的双线铁路桥梁，其中正桥长 3577.2 米。该桥于 1995 年 12 月通过通车鉴定。

24. 济南黄河公路大桥

济南黄河大桥位于山东省济南北郊，该桥于 1978 年 12 月正式破土动工，1982 年 7 月建成通车，大桥由主桥和引桥组成，总长 2023.44 米，主桥长 488 米，主桥为预应力混凝土连续梁斜拉桥。有 5 个孔，其中最大跨径 220 米，是当时亚洲跨径最大的桥梁，在当时世界十大预应力混凝土斜拉桥中排行第 8 位。桥面分行车道和人行道两部分，全宽为 19.5 米，双向 4 车道，其中行车道为 15 米。

25. 东营胜利黄河公路大桥

东营胜利黄河公路大桥位于黄河三角洲上的山东省东营市垦利县城附近，地处黄河最下游，距黄河入海口约 40 千米。大桥全长 2817.46 米，主桥长 682 米，共有 76 孔，主孔跨径 288 米，桥面宽 19.5 米，其中车行道 16 米。此桥在国内首次采用了新型钢箱斜拉式结构。在大桥钢梁腹部，还设有直径为 529 毫米的大型输油管道。该桥于 1985 年 12 月正式动工修建，1987 年 9 月建成通车。

26. 东明黄河公路大桥

东明黄河公路大桥位于山东省菏泽市西北，是山东省境内最长的一座公路大桥，被誉为"齐鲁第一桥"。该桥是国道106线跨越黄河的特大桥梁。大桥全长4142.14米，宽18.5米，4车道。该桥于1991年10月正式开工修建，1993年9月全桥竣工通车。

27. 孙口黄河特大桥

孙口黄河特大桥位于山东省梁山县和河南省台前县交界处的黄河上，是京九铁路的一部分。大桥全长6685米，共148孔，151个墩台，是黄河上最长的双线铁路桥梁，其中正桥长3577.2米。该桥于1995年12月通过通车鉴定。

（三）石窟

1. 云冈石窟

云冈石窟坐落在山西大同西面16千米的武周山北崖，是我国最大的石窟之一，与敦煌莫高窟、洛阳龙门石窟和麦积山石窟并称为中国四大石窟艺术宝库。

石窟依崖开凿，东西绵延1千米。现存主要洞窟53个，造像5万余尊，大部分为北魏兴安二年（公元453年）至太和十九年（公元495年）凿琢而成。被人称赞为"雕刻奇佛，冠于一世"。云冈石窟距今已有1500多年的历史，始建于公元460年，由当时的佛教高僧昙曜奉旨开凿。现存的云冈石窟群，是1961年国务院公布的第一批全国重点文物保护单位之一，2001年12月云冈石窟被列入《世界遗产名录》。

整个石窟分为东、中、西三部分，石窟内的佛龛，像蜂窝密布，大、中、小窟疏密有致地嵌贴在云冈半腰。东部的石窟多以造塔为主，故又称塔洞；中部石窟每个都分前后两室，主佛居中，洞壁及洞顶布满浮雕；西部石窟以中小窟和补刻的小龛为最多，修建的时代略晚，大多是北魏迁都洛阳后的作品。整座石窟气魄宏大，外观庄严，雕工细腻，主题突出。石窟雕塑的各种宗教人物形象神态各异。在雕造技法上，继承和发展了我国秦汉时期艺术的优良传统，又吸收了犍陀罗艺术的有益成分，创建出云冈独特的艺术风格，对研究雕刻、建筑、音乐及宗教都是极为珍贵的宝贵资料。

纵观群佛，在这绵延一千米的石雕群中，雕像大至十几米，小至几厘米的石雕，巨石横亘，石雕满目，蔚为大观。他们的形态，神采动人。有的居中正坐，栩栩如生，或击鼓或敲钟，或手捧短笛或载歌载舞，或怀抱琵琶，面向游人。这些佛像，飞天，供养人面目、身上、

云冈石窟第九窟

衣纹上，都留有古代劳动人民的智慧与艰辛。这些佛像与乐伎刻像，还明显地流露着波斯色彩。这是我国古代人民与其他国家友好往来的历史见证。云冈石窟，是在我国传统雕刻艺术的基础上，吸取和融合印度犍陀罗艺术及波斯艺术的精华所进行的创造性劳动的结晶。

2. 龙门石窟

龙门石窟位于洛阳市区南面 12 千米处，是与大同云冈石窟、敦煌千佛洞石窟齐名的我国三大石窟之一。

龙门石窟始开凿于北魏孝文帝千都洛阳（公元 494 年）前后，后来，历经东西魏、北齐、北周，到隋唐至宋等朝代又连续大规模营造达 400 余年之久。密布于伊水东西两山的峭壁上，南北长达 1 千米，共有 97000 余尊佛像，1300 多个石窟。现存窟龛 2345 个，题记和碑刻 3600 余品，佛塔 50 余座，造像 10 万余尊。其中最大的佛像高达 17.14 米，最小的仅有 2 厘米。这些都体现出了我国古代劳

动人民很高的艺术造诣。

龙门石窟青山绿水，万像生辉，作为佛教艺术宝库，早在 1961 年既被国务院公布为全国第一批重点文物保护单位，1982 年被国务院公布为全国第一批国家级风景名胜区，2000 年 11 月 30 日，联合国教科文组织将龙门石窟列入《世界文化遗产名录》。

手托宝塔的天王和右手叉腰的力士

奉先寺是龙门唐代石窟中最大的一个石窟，长宽各 30 余米。据碑文记载，此窟开凿于唐代武则天时期，历时 3 年。洞中佛像明显体现了唐代佛像艺术特点，面形丰肥、两耳下垂、形态圆满、安详、温存、亲切，极为动人。石窟正中卢舍那佛坐像为龙门石窟最大佛像，身高 17.14 米，头高 4 米，耳朵长 1.9 米，造型丰满，仪表堂皇，衣纹流畅，具有高度的艺术感染力，实在是一件精美绝伦的艺术杰作。据佛经说，卢舍那意即光明遍照。这尊佛像，丰颐秀目，嘴角微翘，呈微笑状，头部稍低，略作俯视态，宛若一位睿智而慈祥的中年妇女，令人敬而不惧。有人评论说，在塑造这尊佛像时，把高尚的情操、丰富的感情、开阔的胸怀和典雅的外貌完美地结合在一起，因此，她具有巨大的艺术魅力。卢舍那佛像两边还有二弟子迦叶和阿难，形态温顺虔诚，二菩萨和善开朗。天王手托宝塔，显得魁梧刚劲。而力士像就更动人了，只见他右手叉腰，左手合十，威武雄壮。

金刚力士雕像比卢舍那佛像旁的力士像更加动人，是龙门石窟中的珍品，1953 年清理洞窟积土时，在极南洞附近发现的，是被盗

凿而未能运走遗留下的。只见金刚力士两眼暴突，怒视前方，两手握拳，胸上、手上和腿上的肌肉高高隆起。整座雕像造型粗犷豪放，雄健有力，气势逼人。

龙门石窟中另一个著名洞窟是宾阳洞。这个窟前后用了 24 年才完成，是开凿时间最长的一个洞窟。洞内有 11 尊大佛像。主像释迦牟尼像，高鼻大眼、体态端详，左右两边有弟子、菩萨侍立，佛和菩萨面相清瘦，目大颈平，衣锦纹理周密刻画，有明显西域艺术痕迹。窟顶雕有飞天，挺健飘逸，是北魏中期石雕艺术的杰作。洞中原有两幅大型浮雕《皇帝礼佛图》、《太后礼佛图》，画面上分别以魏孝文帝和文明皇太后为中心，前簇后拥，组成礼佛行列，构图精美，雕刻细致，艺术价值很高，是一幅反映当时帝王生活的图画。可惜被美国人勾结中国奸商盗运到美国，现分别藏于美国堪萨斯城纳尔逊艺术馆和纽约市艺术博物馆。

万佛洞在宾阳洞南边，洞中刻像丰富，南北石壁上刻满了小佛像，很多佛像仅一寸，或几厘米高，计有 1500 多尊。正壁菩萨佛像端坐于束腰八角莲花座上。束腰处有四力士，肩托仰莲。后壁刻有莲花 54 枝，每枝花上坐着一菩萨或供养人，壁顶上浮雕伎乐人，个个婀娜多姿，形象逼真。沿口南壁上还有一座观音菩萨像，手提净瓶举尘尾，体态圆润丰满，姿势优美，十分传神。

古阳洞也很出名。这里有丰富造像题记，为人称道的龙门十二品，大部分集中在这里。清代学者康有为盛赞这里的书法之美为：魄力雄强、气象浑穆、笔法跳越、点画峻厚、意态奇逸、精神飞动、骨法洞达、结构天成、血肉丰美。

还有一个药方洞，刻有 140 个药方，反映了我国古代医学的成就。把一些药方刻在石碑上或洞窟中，在别的地方也有发现，这是古代医学成就传之后世的一个重要方法。

龙门石窟不仅仅是佛像雕刻技艺精湛，而石窟中造像题记也不乏艺术精品。龙门石窟造像题记遍布许许多多的洞窟，约有 3600

品，其中龙门二十品，是我国优秀文化遗产的一部分，在国内外学术界、书法界有很广泛的影响。龙门二十品，十九品集中于古阳洞，另有一品在西山中部偏南老龙洞崖壁的慈香窟里。古阳洞是龙门石窟中开凿最早的一个窟，凿于北魏孝文帝迁都洛阳前一年。洞内小佛龛琳琅满目，雕刻精巧。

龙门石窟保留着大量的宗教、美术、书法、音乐、服饰、医药、建筑和中外交通等方面的实物史料。因此，它堪称为一座大型石刻艺术博物馆。它与甘肃敦煌莫高窟、山西大同云冈石窟并称为中国三大石刻艺术宝库。

3. 炳灵寺石窟

炳灵寺石窟位于甘肃省永靖县城西南约 50 千米处、黄河北岸的积石山中，积石山虽然地处西北高原，但风景独好，炳灵寺石窟就开凿在黄河右岸的小积石山的大寺沟西侧的崖壁上。

炳灵寺的所在地理位置，地处古代中西交通要道"丝绸之路"陇西段的一条支线上。佛教徒在炳灵寺建寺开窟及造像活动，在西晋时便已开始。十六国时期，鲜卑族乞伏部贵族所建立的西秦政权，崇信佛教，一时内地及西域高僧云集于此，译经传法活动十分活跃，西秦境内的小积石山大寺沟，即炳灵寺石窟一带，便成了当时佛教一大胜地，因此炳灵寺石窟是中国的佛教石窟。

炳灵在藏语中是"十万佛"之意。石窟开凿于西秦的建弘元年（公元 420 年），第 169 窟中有当时的墨书题记，这是全国石窟中迄今为止发现的时代最早的题记。此后，历经北魏、北周、隋、唐、元、明，各代都有程度不等的新窟营建。炳灵寺石窟有上、下两寺，分布在南北 2 千米长的峭壁上，濒临黄河，地势险要。炳灵寺石窟现存窟 34 个，龛 149 个，大小石雕像 694 身，泥塑像 82 身，壁画 900 多平方米，塑像大者 27 米，小者仅 20 多厘米，唐代的作品约占 2/3。另有一座石雕的方塔，四座泥塑塔。

炳灵寺最大的洞窟是 169 窟和 172 窟，高达 40 多米。郦道元的

《水经注》中曾有记载："河峡崖傍有二窟。一曰唐述窟，高四十五丈。西二里，有时亮窟，高百丈、广二十丈、深三十丈，藏古书五笥。"二窟开凿在离地面六七十米的悬崖绝壁上，沿三转五回盘旋而上的栈道天梯可以到达二窟。西秦时开凿的169窟塑造了无量寿佛、观世音菩萨、大势至菩萨以及北壁正中的大立佛的形象，造型概括、手法简练、比例谐调。该窟南壁的大立佛，眉目俊秀，衣纹线条简单流畅，衣服下面的肌肤依稀可见。171龛是唐代的弥勒佛大像龛，依山开凿雕刻，高达27米，原来是石胎泥塑，现在泥塑部分早已经毁坏，虽不能看到它完整的体貌，但仍保存着唐代造像面型丰满、比例匀称的特征。这样巨大的雕塑，没有高超的艺术技法是很难实现的。

炳灵寺石窟的西秦壁画题材内容十分丰富，有说法图、维摩诘变、无量寿佛、释迦多宝佛、弥勒菩萨及十方佛、千佛、飞天、伎乐、供养人等，画风质朴，粗犷。隋、唐的壁画，由于元、明以来密宗画的刷新和重制，保存下来的不多。隋代壁画主要是8窟南北壁的供养菩萨画像，姿态生动，神情各异。元、明两代的壁画比较有特色的有3窟西壁上层的元代佛教故事画，3窟南壁元代的八臂观音和168窟南壁的明代八臂观音，以及172窟木阁上的明代木版画涅槃。这些壁画虽然都是以密宗为内容的，但是其绘画的技法却仍然继承了唐宋的传统，线条圆润严谨，使用浓重热烈的色彩来装饰。1964年在窟前修建了一道20多米高，2米宽，长350

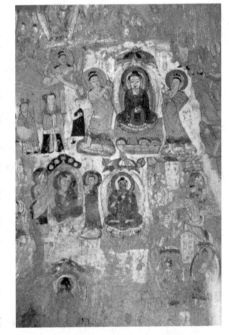

炳灵寺石窟169窟北壁壁画

米的石坝，更好地保护了下寺的全部石窟群。

4. 麦积山石窟

麦积山石窟位于甘肃省天水市东南 45 千米处的天水市北道区麦积乡。石窟建造在距地面 140 多米的悬崖峭壁之上，是我国著名的四大石窟之一。

悬崖峭壁之上的洞窟

麦积山石窟建自公元 384 年，后来经过 10 多个朝代的不断开凿、重修，遂成为我国著名的大型石窟之一，也是闻名世界的艺术宝库。现存洞窟 194 个，其中有从 4 世纪到 19 世纪以来的历代泥塑、石雕 7200 余件，壁画 1300 多平方米。

麦积山作为佛教文化的重要载体之一，石窟寺在中国佛教文化艺术中占有极其重要的地位。与龙门、云冈石窟帝王式的雕塑造像不同的是，麦积山石窟造像中出现了大量充满生活情趣和普通人情感，世俗化的形象。他们不仅是菩萨与弟子，更是一群有血有肉有感情的世俗人物。古代艺术家通过世俗化，人格化的大胆表现手法，把神与人，宗教与世俗完全融为一体，是佛教艺术的中国化和民族化的生动反映。在中国众多的石窟寺中，麦积山石窟是中国早期最具代表性的石窟之一以其独特的价值和魅力与敦煌莫高窟、云岗石窟、龙门石窟一起列为中国四大石窟。

麦积山石窟的一个显著特点是洞窟所处位置极其惊险，大都开凿在悬崖峭壁之上，洞窟之间全靠架设在崖面上的凌空栈道通达。游人攀登上这些蜿蜒曲折的凌空栈道，不禁惊心动魄。古人曾称赞这些工程:"峭壁之间,镌石成佛,万龛千窟。碎自人力,疑是神功。"

麦积山的洞窟很多修成别具一格的"崖阁"。在东崖泥塑大佛头上15米高处的七佛阁,是我国典型的汉式崖阁建筑,建在离地面50米以上的峭壁上,开凿于公元6世纪中叶。麦积山石窟虽以泥塑为主,但也有一定数量的石雕和壁画。麦积山石窟被列为国家重点文物保护单位,新架和修复了1300多米的凌空栈道,使游人能顺利登临所有洞窟。麦积山石窟的造像最高大者达16米,最小者仅为10余厘米。

麦积山石窟壁画多以宗教故事题材为主。麦积山石窟自后秦开窟造像至今,历经北魏、西魏、北周、隋、唐、五代、宋、元、明、清各个朝代。已经走过了将近1600年的历程。在漫长的历史发展过程中,千年古窟伴随着朝代的更替和社会、政治、经济、文化的发展的变迁,也经受着风雨侵蚀和自然灾害的考验。几度兴盛、几度衰败。

5. 须弥山石窟

须弥山石窟位于宁夏固原市原州区境内,坐落在市城北55千米处六盘山支脉的须弥山东麓。须弥山是梵文的音译,也可称为须米楼、苏弥楼、须弥楼等,意译"妙高"、"安明"、"善积"等,指印度传说中的佛教名山。

始建于北魏太和年间(公元477~499年),距今已有1500多年了。经过西魏、北周、隋、唐、宋、西夏、明、清等朝代不断添凿及修葺重装,形成了如今的大佛楼、子孙宫、圆光寺、相国寺、桃花洞、松树洼、三个窟、黑石沟八大区域162座洞窟。其中保存着各代造像雕刻品、彩绘、壁画、石刻题记的洞窟70余座,造像350余尊。1982年中华人民共和国国务院公布为全国重点文物保护单位。

石窟群自南而北分8区,即大佛楼区、子孙宫区、圆光寺区、相国寺区、桃花洞区、松树洼区、3个窟区和黑石沟区。编号洞窟

132 个；造像保存较好的洞窟 20 个；佛龛 113 个，造像 315 身。

须弥山石窟

石窟初创于北魏，兴盛于北周至唐，可分为前后两期。前期北魏至隋，有洞窟 56 个。洞窟形制主要为方形窟、佛像方形窟和中心柱窟 3 种。方形窟主要用作禅窟、影窟、僧房窟等；佛像方形窟的雕像或开龛或不开龛；中心柱窟的中心塔柱皆方形，柱壁、窟壁均开龛造像。前期造像题材多以一佛二菩萨为基本组合，至隋出现了一佛二弟子二菩萨一铺五身的题材。本期洞窟以北周窟最具特点，其规模巨大、雕饰繁丽、题材丰富为其他地区的石窟所罕见。后期洞窟主要为唐代开凿，共 61 个。洞窟形制有大像窟、佛殿窟、僧房窟、中心柱窟、涅槃窟和影窟 6 种。窟内或正壁或三壁起坛雕像，窟壁、中心柱窟皆开龛。各窟造像组合有一铺七身、九身、十一身、十三身等多种形式。唐以后，须弥山不再有开窟造像活动，但西夏、宋、金、明各代仍有规模不等的装修和寺院建设。以明代最为兴盛，须弥山现存的三通明代碑刻对此多有记载。现为宁夏旅游景点之一。

6. 敦煌莫高窟

敦煌莫高窟位于甘肃敦煌市东南 25 千米的鸣沙山东麓崖壁上，以精美的壁画和塑像闻名于世，被誉为 20 世纪最有价值的文化发现，是我国著名的四大石窟之一，也是世界上现存规模最宏大，保存最完好的佛教艺术宝库。

莫高窟，上下五层，南北长约 1600 米。始凿于 366 年，后经十六国至元十几个朝代的开凿，形成一座内容丰富、规模宏大的石窟

群。现存洞窟 492 个，壁画 45000 平方米，彩塑 2400 余身，飞天 4000 余身，唐宋木结构建筑 5 座，莲花柱石和铺地花砖数千块，是一处由建筑、绘画、雕塑组成的博大精深的综合艺术殿堂，是世界上现存规模最宏大、保存最完好的佛教艺术宝库，被誉为"东方艺术明珠"。20 世纪初又发现了藏经洞（莫高窟第 17 洞），洞内藏有从公元 4～10 世纪的写经、文书和文物五六万件。引起国内外学者极大的注意，形成了著名的敦煌学。

敦煌石窟艺术中数量最大，内容最丰富的部分是壁画，最广泛的题材是尊像画，即人们供奉的各种佛、菩萨、天王及其说法相等；佛经故事画，是以佛经中各种故事完成的连环画；经变画，是隋唐时期兴起的大型经变，综合表现一部经的整体内容，宣扬想象中的极乐世界；佛教史迹画，表现佛教在印度、中亚、中国的传说故事和历史人物相结合的题材；供养人画像，即开窟造像功德主的肖像，这是一部肖像史。

194 窟唐代彩塑

在莫高窟各个时代的壁画中，有反映当时的一些生产劳动场面、社会生活场景、衣冠服饰制度、古代建筑造型以及音乐、舞蹈、杂技的画面，也记录了中外文化交流的历史事实，为研究公元 4～14 世纪的中国古代社会提供了宝贵的资料。

莫高窟的壁画也具有很高的艺术价值，盛唐时期的壁画水平最高。第 194 窟唐代彩塑，菩萨面相圆润，身材丰腴，宽妆高髻，薄衣轻纱，反映出当时社会的审美特点。供参观的洞窟较有影响的是17窟、96窟、130窟、158窟、200窟、259窟、285窟、428窟等。西方学者将敦煌壁画称作是"墙壁上的图书馆"。

莫高窟的开凿始于公元 366 年。据记载，一位德行高超的和尚乐僔拄杖西游至此，见千佛闪耀，心有所悟，于是，凿下第一个石窟。从十六国到元朝，石窟的开凿一直延续了 10 个朝代，1500 年，至今，乐僔的那个石窟早已无法分辨得出，而莫高窟经过风沙侵蚀仍保存着 10 个朝代的 750 多个洞窟，窟内壁画 45000 平方米，彩塑 3000 余身和唐宋窟檐木构建筑 5 座。此外，还有藏经洞发现的四五万件手写本文献及各种文物，其中有上千件绢画、版画、刺绣和大量书法作品。如果把所有艺术作品一件件阵列起来，便是一座超过 25 千米长的世界大画廊。

莫高窟的彩塑多属佛教人物及其修行涅槃事迹的造像。因为莫高窟的岩质疏松，无法进行雕刻，工匠们用的是泥塑。唐朝以前的泥塑在其他地方很少保存下来，因此莫高窟的大量彩塑更为珍贵难得。

另外还有民族传统神话题材及各种各样的装饰图案。从壁画中，可以看到各民族各阶层的各种社会活动，如帝王出行、农耕渔猎、冶铁酿酒、婚丧嫁娶、商旅往来、使者交会、弹琴奏乐、歌舞百戏、世间万象，林林总总。

莫高窟作为艺术的宝库，不同时代的艺术风尚在这里汇集成斑斓景观。敦煌唐代艺术代表了中国佛教艺术最灿烂的时代，外来的艺术与中国的民族艺术水乳交融，敦煌唐代艺术空前丰富多彩。那雄伟浑厚高达十几米的巨大佛像；灵巧精致仅有 10 余厘米的小菩萨；场面宏大、人物繁密的巨幅经变；形象生动、性格鲜明的单幅人物画无都使人印象深刻。

飞天，是佛教中称为香音之神的能奏乐、善飞舞，满身异香而美丽的菩萨。唐代飞天更为丰富多彩，气韵生动，她既不像希腊插翅的天使，也不像古代印度腾云驾雾的天女，中国艺术家用绵长的飘带使她们优美轻捷的女性身躯漫天飞舞。飞天是民族艺术的一个绚丽形象。提起敦煌，人们就会想到神奇的飞天。

在敦煌壁画中所描绘的当时的一些社会生活场景，反映了我国古代狩猎、耕作、纺织、交通、作战以及音乐舞蹈等生产活动和社会活动各个方面的内容。壁画中各类人物形象，保留了大量的历代各族人民的衣冠服饰资

飞　天

料。壁画中所绘的大量的亭台、楼阁、寺塔、宫殿、城池、桥梁和现存的 5 座唐宋木结构檐，是研究我国古代建筑的形象图样和宝贵资料。我国的雕塑和绘画已有数千年的历史。美术史上记载许多著名画家的作品多已失传，敦煌艺术的大量壁画和彩塑为研究我国美术史提供了丰富的实物资料。

莫高窟在明代一度荒废，至清康熙五十四年（公元 1715 年）以后，又受到人们的注意。光绪二十六年（公元 1900 年）道士王圆箓发现"藏经洞"，洞内藏有写经、文书和文物 4 万多件。此后莫高窟更为引人注目。1907、1914 年英国的斯坦因两次掠走遗书、文物 1 万多件。1908 年法国人伯希和从藏经洞中拣选文书中的精品，掠走约 5000 件。1910 年藏经洞中的劫余写经，大部分运至北京，交京师

图书馆收藏。1911 年日本人橘瑞超和吉川小一郎从王道士处，弄走约 600 件经卷。1914 年俄国人奥尔登堡又从敦煌拿走一批经卷写本，并进行洞窟测绘，还盗走了第 263 窟的壁画。1924 年美国人华尔纳用特制的化学胶液，粘揭盗走莫高窟壁画 26 块。这些盗窃和破坏，使敦煌文物受到很大损失。

中国从 20 世纪 40 年代起成立了莫高窟的学术研究和保护机构；60 年代对石窟进行了全面的加固；80 年代开始，莫高窟进入了现代科学保护时期。

七　城市风情

（一）西宁

　　西宁市地处青海东部，黄河支流湟水上游，四面环山，三川汇聚，扼青藏高原东方之门户。地势由北向南倾斜，西北高，东南低，东西狭长，形似一叶扁舟。湟水及其支流南川河、北川河由西、南、北汇合于市区，向东流经全市。

　　西宁市内最高海拔 4394 米，市区中心海拔 2275 米。属于大陆性高原半干旱气候，其特点是：气压低，日照长，雨水少，蒸发量大，太阳辐射强，日夜温差大，无霜期短，冰冻期长，冬无严寒，夏无酷暑，是天然的避暑胜地。

塔　尔　寺

　　西宁是典型的移民城市，多民族聚集、多宗教并存。西宁地处黄土高原与青藏高原、农业区与牧业区、汉文化与藏文化的三大结合部，是青藏高原人口唯一超过百万的中心城市，移民人口达 100 万之多，有汉、回、藏、土、蒙古、撒拉等 34 个民族，其中少数民族人口 54.36 万人，占总人口的 25.55%。

　　佛教、伊斯兰教、道教、基督教、天主教五大宗教并存，藏传佛教和伊斯兰教影响尤为深远，塔尔寺是我国六大藏传佛教寺院之

一，它位于青海省西宁市区西南 25 千米的湟中县。塔尔寺藏语叫"拱本"，就是十万佛像的意思。它始建于明嘉靖三十九年，至今已有 400 多年的历史。它是我国著名的喇嘛寺院，是喇嘛格鲁派（黄派）创始人宗喀巴的诞生地，也是西北地区佛教的活动中心。

传说中藏传佛教教主宗喀巴大师的母亲在放牧的时候生下了他，胎衣被埋入土中，不久便长出了一株菩提树，树上有十万片叶子，每片叶子上都有一个佛像，宗喀巴便是佛教传人。在宗喀巴大师于西藏主持宗教改革时，母亲非常想念他，让人把自己的一缕白发带给他，希望他能早日归来。宗喀巴带话给母亲"如果想念他，就在生他的地方盖一座塔，这样就能和儿子面对面的交谈"。此塔便是塔尔寺的前身。由于先建塔后建寺，故称"塔尔寺"。

西宁的传说给这个高原城市披上了神秘的面纱，这种纱能让人回到千年以前，它就是那个唐朝姑娘的婚纱。她带着一个盛大的车队，由东向西浩浩荡荡，撒播文明火种，她就是文成公主。她留给了后人一个色彩斑斓的梦，同样也传承了一代代的文明。文成公主所到过的地方，都洋溢着人们的欢声笑语，都能找到与她相关的传说，西宁也不例外。

在青藏铁路全线通车和省委、省政府提出把青海建设成旅游名省的机遇下，不断挖掘和开发旅游资源，积极扩大"天路起点，中国夏都，健康之旅"旅游品牌。形成了以西宁为中心的两小时车程半径旅游圈，利用已开辟或正在开辟的环青海湖旅游线、黄河源旅游线、唐蕃古道旅游线、宗教朝圣旅游线、世界屋脊旅游线、青藏铁路旅游线等 10 条精品旅游线路，充分展示塔尔寺、青海湖、原子城、日月山等著名自然和人文景观，以及富有青藏高原魅力的民族风俗文化。

兰州

兰州地处我国西北地区的东部、甘肃省中部，是中国地理版图

的几何中心，被誉为"陆都"，也是全省的政治、经济、文教和商贸中心，西北地区交通枢纽和旅客集散地。

兰州"坐中四连"，地居南北之中，为东西咽喉要塞。它东迎陕西，西通新、青，北接宁、蒙，南达川、藏，自古以来就是连接中原和西域的交通要冲。兰州是黄河流域唯一黄河穿城而过的省会城市，市区依山傍水，山静水动，形成了独特而美丽的城市景观。

兰州市历史悠久，古代曾称"金城"，为禹贡雍州地，从事狩猎和农牧业生产，先后创造了灿烂的马家窑、半山、马厂和齐家文化。至西汉时设立县治，取"金城汤池"之意而称金城。在东晋十六国时期，西魏在"兰山北梢西濒河"筑城，是兰州旧城之始。隋初改置兰州总管府，始称兰州。

工业方面，兰州已形成以石油、化工、机械、冶金、四大行业等主体，门类比较齐全的工业体系，成为我国主要的重化工，能源和原材料生产基地之一。农业上，兰州是享有盛名的瓜果城，瓜果年产量达到70000多吨，白兰瓜、黄河密瓜、西瓜、籽瓜等瓜果久负盛名，百合、玫瑰、黑瓜子、水烟等土特产品蜚声中外，远销世界一些国家和地区。

兰州是古"丝绸之路"重镇，历史和大自然为兰州留下了许多名胜古迹。全市拥有省级文物保护单位16处，文物点500多处，古遗址250处，古城12处，古建筑50余处。国家级森林公园有徐家山、吐鲁沟、石佛沟、兴

兰州牛肉拉面

隆山；市区有五泉山、白塔山、白云观、白衣寺等名胜古迹，还有兰山公园、南湖公园、西湖公园、滨河公园、水上公园等风格各异

的景点。

兰州的"牛肉拉面"是兰州最具特色的大众化经济小吃，就像成都小吃一样，在祖国的大江南北"开花"，将地方饮食文化发挥得淋漓尽致！黄河岸边的古城兰州，弥漫在大街小巷的，永远有那么一股牛肉面的清香。

兰州黄河上的羊皮筏子

兰州的羊皮筏子从清光绪年间就已经兴起，距今有300多年的历史。皮筏在古代主要用于青海、兰州至包头之间的长途水上贩运。兰州的皮筏常用羊皮或牛皮做成。人们在屠宰时，剥下大个羊只的皮毛或整张牛皮，用盐水脱毛后以菜油涂抹四肢和脖项处，使之松软，再用细绳扎成袋状，留一小孔吹足气后封孔，以木板条将数个皮袋串绑起来，皮筏即告做成。因其制作简易，成本低廉，在河道上漂流时便于载运而在民间广为使用。筏子有大有小，最大的羊皮筏子由600多只羊皮袋扎成，长22米，宽7米，前后备置3把桨，每把桨由2人操纵，载重可达20～30吨，晓行夜宿，日行200多千米从兰州顺流而下，十一二天即可到达包头，小皮筏由10多只羊皮袋扎成，便于短途运输。牛皮筏一般由90个牛皮袋扎成，可载货4万斤。因筏子大如巨舟，在滔滔黄河上漂行，气势壮观，当地有"羊皮筏子赛军舰"之说。20世纪50年代之前，在铁路尚未开通，公路交通又不便利的黄河上游地区，皮筏一直是重要的运输工具。"吹牛皮，渡黄河"是兰州牛皮筏子又一新奇刺激的妙用。将渡河者装入牛皮袋中，充气扎口后，艄公爬在牛皮袋上，一手抓袋，一手划水，只十几分钟便可将渡客送至黄河对岸。

（三）银川

银川市位于宁夏引黄灌区的中部，东临黄河，西屏贺兰山，是宁夏回族自治区首府，也是中国西北区域性中心城市。一个被称为"塞上江南"的地方，一座总是散发着迷人风采和无限活力的西部城市。

银川市是中国历史文化名城之一。市境内有古城池、宫苑、楼阁、寺院、佛塔、帝陵、长城等多处名胜古迹。丰富的西夏文化遗迹、诱人的水乡景色、奇特的塞上风光及多彩的回族风俗民情使银川市称为中国西部最具魅力的城市之一。银川又被称为"凤凰城"，是祖国西北地区的一颗明珠。

银川市自然风景秀丽，还有丰富的人文历史景观。银川市自然风景秀丽，还有丰富的人文历史景观。自然景观有苏峪口森林公园、滚钟口风景区、金水旅游区、大小西湖、鸣翠湖、鹤泉湖等；人文历史景观有西夏王陵、贺兰山岩画、拜寺口双塔、三关口明长城、水洞沟遗址、鼓楼、玉皇阁、海宝塔、承天寺塔、南关清真大寺、纳家户清真寺、马鞍山甘露寺、镇北堡华夏西部影视城等。

银川的饮食以汉族和回族的饮食习惯为主。汉族饮食以西北菜为主。秦陇风味，主要由衙门菜、商贾菜、市肆菜、民间菜和以清真菜为主的少数民族菜组成。银川的回族饮食，兼具中原传统和穆斯林的双重风味，是回族和中华文明融合的结果，这里有着正宗的清真食品和清真菜肴，同时还许多独特回族风味小吃，其品种之多，味道之精美，都充分显示出了回族人民的聪明才智。清真菜肴有清蒸羊羔肉、牛羊肉酥、手抓羊肉等，也有非常地道的回族风味小吃，如羊杂碎、羊肉泡馍、清真奶油糕点、马三白水鸡等。

银川关于饮食方面的物产非常丰富，除"宁夏五宝"之一的发菜以外，还有银川附近沙湖里出产的各种鱼类，有鲤、鲢、鳙、鲩、鲫鱼等，还有北方非常罕见的武昌鱼、娃娃鱼（大鲵）、大鳖等，以此为基础的菜肴有糖醋黄河鲤鱼、中卫鸽子鱼、金钱发菜等。

（四）包头

包头地处渤海经济区与黄河上游资源富集区交汇处，北部与蒙古国接壤，南临黄河，东西接沃野千里的土默川平原和河套平原，阴山山脉横贯中部。包头，是蒙古语"包克图"的谐音，蒙古语意为"有鹿的地方"，所以又叫"鹿城"

包头地区历史源远流长，早在6000千年前的新石器时代，中华民族的先人就在这里劳动、生息、繁衍。这里曾是我国北方少数民族胡、匈奴、鲜卑、柔然、突厥、回纥、蒙古等民族的游牧地。

包头市是内蒙古自治区最大的工业城市和中国西北地区重要的工业基地。改革开放以来，包头市的经济建设进入了持续、快速、健康的发展时期，产业结构不断调整、基本产业得到加强，国民经济快速增长，形成了以铜铁冶金、稀土冶金及应用、机械制造、有色金属、纺织、电子、化工等行业为主的门类齐全的工业体系。

今天的包头，城市街道宽阔整洁、高楼林立、绿树成荫，霓虹彩灯交相辉映，风格各异的城市广场、小区景点比比皆是。位于包头市中心的赛汗塔拉草原是全国唯一的都市草原，城中有草原，草原中有城市，特色独具，不能不说是大自然的奇迹。

成吉思汗陵

在大漠，成吉思汗的威名可谓家喻户晓，距包头市100多千米的成吉思汗陵蔚为壮观，站在陵前，仿佛又看到"一代天骄"纵横沙场的雄姿。五当召、美岱召等蒙古族的寺庙建筑也不乏可圈可点之处。

包头的美食更是不计其数，如小肥羊火锅、莜面、沙葱包子、手扒肉、烤全羊、羊肉烧卖、拔丝奶豆腐、焖面等等。

（五）太原

太原，大平原之意，故称晋阳，是山西省的省会，濒临汾河，三面环山，自古就有"锦绣太原城"的美誉。

历史文化是古城太原最大的一笔精神财富。太原积淀了丰富的历史文化遗产，如"晋祠"园林，称得上是华夏文化的一颗璀璨明珠；建于明代的永祚寺，"凌霄双塔"是我国双塔建筑的杰出代表；龙山石窟是我国最大的道教

凌霄双塔

石窟，被专家传为世界之最；始建于北齐、毁于元末明初的蒙山大佛，堪与巴米扬大佛和乐山大佛相媲美！此外还有隋末唐初建造的佛教名刹崇善寺和富有民族特色的道教寺宫纯阳宫、多福寺等文物古迹。

太原以山地和丘陵为主，平川约占1/5。主要农作物有小麦、水稻、玉米、谷子、高粱、豆类、薯类等。主要经济作物有蔬菜、棉花、油料、甜菜、药材等。

太原市常住人口有汉、回、满、蒙、藏、土等民族，主要为汉族。太原市属温带季风性气候，冬无严寒，夏无酷暑，昼夜温差较大，无霜期较长，日照充足。太原地区复杂多样的地貌形态，形成了差异明显的气候区域，既表现出清晰的垂直变化，又具有一定的水平差异。

太原的面食最为有名，品种多，历史久，制作方法各异。炒莜面、拉面、刀削面、拨面、揪片、猫耳朵、搓鱼儿、莜面烤佬、红面糊糊、剔尖等，这些都特色独具。除面食外，风味食品首推特色早点"太原头脑"（八珍汤），小吃如，"三倒手"硬面馍、拨鱼、刀削面、豆腐脑、砍三刀、孟封饼、面麻片、清和元"头脑"、"认一力"蒸饺、六味斋酱肉、百花哨梅、鸡蛋醪糟、荞面灌肠、羊杂割汤、过油肉、豌豆花糕、桂花元宵等，都是值得一尝的美味。

（六）西安

西安，故称长安，又曾称西都、西京、大兴城、京兆城、丰原城等，中国七大古都之一，与雅典、罗马、开罗并称为世界四大古都，也是中国历史上建都朝代最多、历史最久的古城。

西安是陕西省省会，位于关中盆地中部秦岭北麓，地跨渭河南北两岸。地势南高北低，相差悬殊。西安，向北走一步就是黄河流域，向南走一步就是长江流域，这一独特的地理区位，在全国大都市中是唯一的。

作为华夏文明的发源地，西安的历史悠久，文化的积淀非常厚重。深厚的历史文化积淀和浩瀚的文物古迹遗存使西安享有"天然历史博物馆"的美称。其中秦始皇兵马俑坑被誉为"世界第八大奇迹"，秦始皇陵是最早列入世界遗产名录的中国遗迹，西安古城墙是至今世界上保存最完整、规模最宏大的古城墙遗址。市内有 6000 多年历史的半坡遗址；明代建立的藏石碑 3000 多

秦始皇兵马俑

块、被誉为石质历史书库的碑林博物馆；文物储藏量全国之最的陕西历史博物馆；唐代著名高僧玄奘法师译经之地大雁塔；西北历史最长的清真寺化觉巷大清真寺，以及西安周边的华夏始祖轩辕黄帝之陵黄帝陵；汉武帝刘彻之墓汉茂陵；唐女皇武则天与唐高宗李治的合葬墓唐乾陵；释迦牟尼佛指舍利存放之处法门寺，唐大明宫遗址等。自然景观峭拔险峻，独具特色，境内及附近有西岳华山、终南山、太白山、王顺山、骊山、楼观台、辋川溶洞等风景名胜区，更有周边的森林公园十余个。人文山水、古城新姿交相辉映，构成古老西安特有的神韵风姿。

牛羊肉泡馍是西安市著名小吃。传说，牛羊肉泡馍是在公元前 11 世纪古代"牛羊羹"的基础上演化而来的。据《宋书》记载，南北朝时，毛修之因向宋武帝献上牛羊羹这一绝味，武帝竟封为太官史，后又升为尚书光禄大

羊肉泡馍

夫。还有一段风趣的传说，大宋皇帝赵匡胤称帝前受困于长安，终日过着忍饥挨饿的生活，一日来到一家正在煮制牛羊肉的店铺前，掌柜见其可怜，遂让其把自带的干馍掰碎，然后给他浇了一勺滚热肉汤放在火上煮透。赵匡胤狼吞虎咽地吞食，感到其味是天下最好吃的美食。后来，赵匡胤黄袍加身，做了皇帝，一日，路过长安，仍不忘当年在这里吃过的牛羊肉煮馍，同文武大臣专门找到这家饭铺吃了牛羊肉泡馍，仍感鲜美无比，胜过山珍海味，并重赏了这家店铺的掌柜。皇上吃泡馍的故事一经传开，牛羊肉泡馍成了长安街上的著名小吃。除了羊肉泡馍，还有老童家腊羊肉、锅盔、肉夹馍、葫芦头等，都是西安的特色小吃。

（七）郑州

郑州位于河南省中部偏北，是河南省省会。地处中华腹地，九州通衢，北临黄河，西依嵩山，土地富饶，并以一城之地，扼守东西南北的交通，历来都是历史交通要地。

郑州是我国古代文明发源地之一，据史籍记载，中华民族始祖黄帝为"有熊氏"生于轩辕之丘（河南新郑），部分学者认为轩辕之丘指现在郑州下辖新郑市。部分学者认为夏代曾建都于阳城（今登封市）。春秋战国时期，郑、韩先后在新郑建都（为当时周帝国的二级行政单位），长达500多年。

安阳殷墟的商城遗址

悠久的历史给郑州留下了丰富的文化积淀，中华始祖轩辕黄帝的故里就在郑州。这里还有早于"安阳殷墟"的商城遗址，包含仰韶文化、龙山文化、商代文化3个不同历史时期内容的大河村遗址，填补了我国仰韶文化以前新石器时代早期历史空白的裴李岗遗址，对研究我国冶金史具有重大意义的古荥冶铁遗址等。周围还有星罗棋布的古城、古文化、古墓葬、古建筑、古关隘和古战场遗址。有黄河、嵩山、少林寺为代表的自然风光和丰富多彩的历史宗教文化、中原地区的民俗民风，悠久的历史为郑州留下了大量的文物古迹、历史事件和无可争辩的历史地位。

郑州地区属暖温带季风气候，四季分明，7月最热，1月最冷，全年日照时间约2400小时。郑州自然资源丰富，主要有煤、铝矾土、耐火黏土、水泥灰岩、油石、硫铁矿和石英砂等。天然油石矿

质优良,是全国最大的油石基地之一。粮食作物有小麦、玉米、大豆、水稻、花生棉花、经济林果等。农副土特产品有苹果、梨、红枣、柿饼、葡萄、西瓜、大蒜、金银花和黄河鲤鱼等。郑州汇集了中原地区的各种风味小吃,具有本地特色的咸豆腐脑,营养丰富,风味独特。郑州位于全国经济地理腹地,具有贯通东西、连接南北的战略作用,是我国公、铁、航、信兼具的综合性交通通信枢纽。

(八) 济南

济南的名字来源于西汉时设立的济南郡,含义为"济水之南",是地理方位形成的地名。济水即俗称大清河,古济水(音己,三声)发源于现河南省济源市,流域大致相当于现在的黄河山东段。后因黄河改道被其夺取河床,成为黄河下游的干流河道。而济南、济源、济阳、济宁等地名还是保存了下来。

济南位于山东省中西部,是山东省的省会,是全省的政治、经济、科技、文化中心和重要的交通枢纽。济南地形复杂多样,南为泰山山地,北靠黄河,地势南高北低。地处中纬度地带,属于暖温带半湿润大陆性季风气候,季风明显,四季分明。

济南是中华文明的重要发祥地之一,同时也是

齐长城

国务院公布的历史文化名城。远在 9000 年前的新石器时代早期，已经有先民在此繁衍生息。闻名世界的史前文化——龙山文化的发祥地就在此处。区域内有新石器时代的遗址城子崖，有先于秦长城的齐长城，有现在中国最古老的地面房屋建筑——汉代孝堂山郭氏墓、单层古塔——四门塔，还有被誉为"海内第一名塑"的灵岩寺宋代彩塑罗汉等。在这座历史文化名城里，诞生了许多中国历史上的著名人物，如名君大舜、神医扁鹊、名将秦琼、名相房玄龄、诗人李白、词人李清照、文豪老舍等等。他们都曾在济南生活过。

济南市是我国东部散杂居少数民族人口较多的省会城市，是全省民族工作的重点城市之一。回族、满族、蒙古族、哈尼族、朝鲜族、苗族、壮族、维吾尔族、彝族、藏族等 10 个少数民族占济南市少数民族人口的 98.42%。山地、平原、河川、湿地、湖泊的多样地形地貌也使济南地区的物产多样和丰富，成为鲁菜的发源地之一。济南的名优特产更是数不胜数，如平阴阿胶、龙山小米、黄河大米、商河县彩椒等等。济南小吃也闻名遐迩，如泉城大包、草包包子、孟家扒蹄、名士多烤全羊、黄家烤肉、天天炸鸡、奶汤蒲菜、油旋、烧烤、糖醋黄河鲤鱼等等。

八 生物资源和旅游资源

（一）生物资源

黄河干流总共有鱼类 121 种，干流中纯淡水鱼类有 98 种，占总数的 78.4%。主要经济鱼类有花斑裸鲤、极边扁咽齿鱼、厚唇裸重唇鱼、黄河裸裂尻鱼、瓦氏雅罗鱼、北方铜鱼（鸽子鱼）、鲤鱼、鲫鱼。黄河上游鱼类种类只有 16 种，组成也较简单，仅有鲤科、鳅两科的裂腹鱼、雅罗鱼、条鳅等。中下游鱼类大体相似，均以鲤科为主。中游有 71 种鱼类，但缺乏自然的鲢、鳙、鳊、鲂等典型平原类群的鱼类，中游上段有与上游共有的裂腹鱼和条鳅等，下游的鱼类种类和数量都较多，有 78 种，其中有多种过河口鱼类及半咸水鱼类。对黄河支流的调查资料统计看，据甘肃洮河、陕西渭河、泾河的鱼类统计看，以渭河水域种类较多，有 30 种，洮河次之有 11 种，泾河则仅有 4 种。上中游支流中多数是鲤科、鳅科的小型鱼类，另外有少数尝科及鲶鱼等，经济鱼类为鲤、鲫、雅罗鱼及鲶鱼等。黄河三角洲自然保护区内遍布其他滩涂湿地鸟类的繁殖群体，如小白鹭、大白鹭、草鹭、苍鹭、黑嘴燕鸥等等。整个保护区内显现出和谐的生态环境。下面着重介绍黄河鲤、花斑裸鲤、极边扁咽齿鱼和白鹳的情况。

1. 黄河鲤

黄河是我国第二大河流，全长 5464 千米，流域面积 75 万平方千米，素有"铜头、铁尾、豆腐腰"之称，穿越河南境内的 692 千米，主要位于豆腐腰上。孟津以东河道开始放宽，两岸堤距一般 10 千米左右，最宽处可达 20 千米，河床宽而浅，非汛期含沙量少，透明度平均 11.3 ~ 25.0 厘米，水中富含水生生物生长所需的各种营养

盐类。该流域（河南段）气候温和，年日照时间和鱼类生长期长，黄河滩生长着大量的野生杂草可作为鱼类饲料，这些都是发展渔业生产的优越条件。也是历史上我省境内河段盛产优质黄河鲤的主要原因。

黄河鲤

黄河鲤，体侧鳞片金黄色，背部稍暗，腹部色淡而较白。臀鳍、尾柄、尾鳍下叶呈橙红色，胸鳍、腹鳍橘黄色。除位于体下部和腹部的鳞片外，其他鳞片的后部有由许多小黑点组成的新月形斑。金鳞赤尾，体形梭长（体长/体高 > 3，尾柄长/尾柄高 ≈ 1）、肉质细嫩而鲜美。与其他几种鲤鱼相比，其肌肉中具有较高的蛋白质含量（17.6%）和较低的脂肪含量（5.0%），含有丰富的人体全部必需 8 种氨基酸和 4 种鲜味氨基酸，还含有 3 种人体必需微量元素铁、铜、锌及大量元素钙、镁、磷等。自古以来即为民间喜庆各种宴席所不可缺少的佳肴。

但是，20 世纪 50 年代以来，由于人类活动因素的影响，诸如水质污染，滥捕、毒鱼、炸鱼，隔离天然繁殖场地以及黄河断流，使得天然水域生态平衡遭到严重破坏，黄河鲤鱼的资源量急剧下降。50 年代，在三门峡、灵宝、洛阳、巩义、郑州及开封等地均有专业捕捞队在黄河里捕鱼。月捕鱼量 600～1150 千克/船，其中黄河鲤可占总重量的 45%～50%，黄河河南段每年能捕捞黄河鲤 15 万千克；而到 1981～1982 年，同样的作业方法在同一季节的月捕获量也不超过 125 千克/船，且渔船数量大大减少，特别是黄河鲤鱼的产量下降更为严重，年捕捞量还不足 1 万千克，年龄与个体均减小；现在已很少能见到捕鱼的船只了，可见鱼类资源已明显衰退。特别是进入20世纪70年代末至80年代初，在全国一片鲤鱼引种杂交热的直接影响下，经黄河的不同支干流水域，混进了多种杂交鲤，使得河道内黄河鲤种质资源遭到了更为严重的破坏，出现多种鲤鱼混杂现象，黄河鲤鱼品质下降。主要表现为体色不一，鳞被杂乱，体型改变等性状变异。

2. 花斑裸鲤

花斑裸鲤体长，侧扁。头锥形。口下位，口裂较大。下颌无锐利角质。唇薄，下唇侧叶狭窄，唇后沟不连续，无须。大部分裸露，仅有臀鳞和少数肩鳞。背鳍刺强，具发达的锯齿，起点稍在腹鳍之前。体侧具多数环状、点状或条状的斑纹。

栖息在高原宽谷河道之中。个体较大。分布于黄河上游和柴达木盆地的奈齐河水系，四川、甘肃、青海与黄河邻近水系有分布，为黄河上源重要经济鱼类。青海湖花斑落鲤主产于青海省玛多县内黄河段及札陵、鄂陵等淡水湖泊，柴达木盆地的奈齐河水系亦有发现。许多特征与青海湖裸鲤相同，基本裸露无鳞，长身、侧扁等。不同点是口裂大，上颌稍突于下颌之前，体背暗褐色或青灰色，腹部浅黄色或银灰色，较小个体体部具有略呈环状、点状或条状的斑纹，背鳍和尾鳍上各有 5～6 行小黑斑，较大个体一般仅在体侧有少数隐约可见的块状暗斑。

属杂食性鱼类，食性范围广，栖息于水的中层，体重最大 2～3 千克，甚至 5～6 千克。生长缓慢，肉质较好，是青海有开发前景的一种经济鱼种。其肉质多脂，味道鲜嫩，富有营养，鱼子有毒，不能食用。鱼肉除鲜食外，还可干制、卤制、熏制及制成罐装食品，便于久藏及远销。

3. 极边扁咽齿鱼

极边扁咽齿鱼体长，粗壮，前端圆筒形，尾柄部高，稍侧扁。头小，稍平扁，头后背部稍隆起。吻尖而突出。口下位，马蹄形，略宽。唇较发达，口角处稍游离。须 1 对，粗长，末端超过前鳃盖骨的后缘。鼻孔大于眼径。眼小。侧线鳞 55～56 个。胸、腹、尾鳍基部具有不规则排列的小鳞片，背、臀鳍基部具鳞鞘。背鳍位于体中央的前部；胸鳍宽长，但不达腹鳍基；尾鳍上叶略长。体轻灰略带黄色，体侧具青紫色斑，腹部银白色略带黄，背鳍灰黑色，其他鳍灰黄色。

极边扁咽齿鱼

一种中下层生活鱼类，喜欢栖息于河湾及底质多砾石、水流较缓慢的水体中。常成群活动。冬季潜伏于深水处的岩石下或深沱中。开春溯游产卵，生殖期 5～7 月，成小群或不分群产卵，产漂流性卵。

9～10 月份退至下游。幼鱼食其他鱼类的卵和苗，成鱼主食底栖动物，亦食水生昆虫、小鱼虾、植物碎屑、谷物、小螺蚌等，多在混浊的深水区觅食。繁殖期间仍保持一定的摄食强度。它们分布于黄河水系，以兰州、宁夏的青铜峡一带的中上游河段为多。

北方铜鱼原来在黄河上游数量较大，且个体大，富含脂肪，味特肥美，是宁夏、甘肃等地的珍贵经济鱼类，称"黄河鸽子鱼"，以靖远一带最多。但在长期无节制的开发中，严重捕捞过度，资源急剧下降。三门峡等水利枢纽的建设阻断了北方铜鱼的洄游通道，加之水文条件的改变，影响产卵场的生境，诸多因素的作用，导致北方铜鱼面临濒危。

4. 白鹳

白鹳体形修长，体长约 1200 毫米，翅长 600 毫米以上；嘴长而直，可达 210 毫米；颈与腿亦长，雄体跗口长达 245 毫米。身体几乎为纯白色。肩羽、翼上大覆羽、初级覆羽及飞羽均呈光灰黑色，大部分飞羽外羽呈银灰色。眼乳白色，外轮黑色；嘴黑色，下嘴腹面红色；眼周及颊部裸区红色。雌雄羽色相同。眼周、颊部裸区及腿脚均为红色。虹膜淡黄色，外圈黑色。眼周、眼先及颏囊裸出皮肤为玫瑰色。嘴的尖端角色沾黄。性温和而警觉，飞行缓慢，常在高空中翱翔。休息时常以一足站立。受惊时常弹嘴，发出"哒哒"声。

白鹳栖息于河流和湖边等湿草地，在人烟稀少的大树上或高压线铁塔上营巢。主食鱼类，也吃鼠、蛙及昆虫。4月产卵，每窝产卵4枚，孵化期30～32天，幼鸟55～60日龄可飞出巢外，10月集群，11月南迁，在开阔的浅水中或滩涂盐蒿丛中集群过夜，翌年3月下旬北返。

在黄河三角洲发现这样数量的东方白鹳的繁殖群体并不寻常。保护区内相互间隔300米

白　鹳

左右的电线杆上，竟然有连续5个鸟巢出现。两只亲鸟轮流看守着鸟巢，在强力的海风中，东方白鹳的双脚站立巢中，一动不动。直径在2米左右的鸟巢远望过去像是悬挂在空中的艺术品，不时出现的小鸟身影给鸟巢带来勃勃生机。

（二）旅游资源

1. 黄河源头的旅游胜地——果洛

青海省果洛藏族自治州地处黄河源头，自然和人文旅游资源丰富，民风淳朴，民族风情浓厚。近年来，果洛藏族自治州积极发展高原特色旅游业，开发以体育登山、生态旅游、探险旅游、宗教文化和民族风情旅游、狩猎旅游等中高端旅游为主线的极富果洛地方特色的旅游项目。旅游业的发展带动了畜牧业和地方工业的快速发展，使各族人民的物质和文化生活水平大幅度提高。

果洛境内有旅游景点 70 多处，其中玛沁县的阿尼玛卿雪山、拉加寺，久治县的年保玉则国家地质公园、白玉寺，玛多县的黄河源头、扎陵湖、鄂陵湖、黄河源国家狩猎场、莫格德哇遗址，班玛县的原始森林及子木达红军沟、哨所、扎洛村等景点在省内外有一定的知名度。青海省对外开放的 14 座山峰中在果洛境内就有 4 座（阿尼玛卿峰、年保玉则、雅拉达则和拉日尕则）。

独特的旅游资源是发展旅游业的重要基础。在漫长的历史长河中，居住在黄河源头的果洛藏民族创造了绚丽多彩的民族文化，留下了丰富的文化遗产。而果洛独特的自然地理环境、壮美的自然风光、秀丽的山川湖泊与独特的民族文化相映衬，成为果洛发展旅游产业、提高知名度的资源保障。

果洛是格萨尔文化的发祥地，玛沁、玛多等 6 县都有格萨尔传说中的遗址和遗迹，如察干城遗址、郎日班玛本宗城堡遗址、噶加洛城堡遗址、格萨尔狮龙宫殿遗址、莫格德哇遗址等等，还有散落于全州奇山异水中有关格萨尔的传说和众多格萨尔说唱艺人。2004年，中国科学院把果洛确定为格萨尔说唱基地；2006 年又将玛沁县阿尼玛卿岗班玛本宗、班玛县格萨尔莲花神殿、玛多县格萨尔尕吾金殿命名为格萨尔说唱研究基地，把甘德县德尔文村确定为格萨尔文化史诗村。近几年，果洛藏族自治州州委、州政府精心打造格萨

尔文化长廊，积极开展挖掘、抢救、保护和整理工作。日前，甘德县龙恩寺成立了格萨尔文化活动中心，达日县查郎寺格萨尔狮龙宫殿初具规模，班玛县的灯塔寺格萨尔艺术宫和玛多县的格萨尔孕吾金殿也别具特色。众多的格萨尔遗迹和传说养育了众多的传承者，如唱不完格萨尔的俄合肉、写不完格萨尔的格日尖参、画不完格萨尔的阿吾孕尔洛以及讲不完格萨尔故事的旦贝尼玛、班玛登保活佛等。龙恩寺、查郎寺、夏日乎寺、知钦寺等寺院的格萨尔藏戏、格萨尔剧《辛丹虎狮合璧》和两年一届的具有地方特色的玛域格萨尔文化旅游节，使玛域格萨尔文化长廊初具雏形，进一步丰富了果洛文化旅游的内涵。

黄河在果洛境内流域达 760 千米。在黄河谷地两岸，草原、牛羊、蓝天白云浑然一体，景色秀丽；黄河源头的扎陵湖、鄂陵湖犹如姊妹，静若处子，星宿海、冬格措那湖好似宝石镶嵌；阿尼玛卿岗日及冰川巍峨旖旎，雄奇壮美；国家地质公园年保玉则险峻挺拔，神奇瑰丽；班玛原始森林青松翠柏，碧水清溪，逶迤不绝；藏式碉楼古朴自然，别有风韵，宛如诗画。果洛的这些自然景色未曾经过人的"改造"和"修饰"，完整地保留着天然雕饰的原始面目，是高原旅游产业发展中极具旅游开发潜力的精品景区。

果洛境内有66座藏传佛教寺院，有宁玛、格鲁、觉囊和噶举4个藏传教派。久负盛名的宁玛派寺院查朗寺、白玉寺古朴雄伟，龙恩寺尽显异域风格，德合龙寺典雅精致，坐落在山林之间的知钦寺宛如仙境，有近300年历史的格鲁派寺院拉加寺在安多藏区影响久远。果洛独有的觉囊派寺院众多，班玛"三果洛"的发祥地阿姜什寺宝塔建筑风格迥异，江日堂寺回归远古，给人以神秘之感。噶举派七世、十一世尕玛巴诞生地及其吉德寺让人崇敬、感慨。众多的藏传佛教派多年来和睦相处，和谐传承，其宗教文化已经融入当地居民的心灵世界和生活习俗中。

红军曾经经过班玛县，红军沟、红军亭、扎洛村及"红加"的

故事独一无二，"红色旅游"资源得天独厚。

2. 温柔缠绵的宁蒙河段

宁夏川区，也叫宁夏平原，由银（川）吴（忠）平原，（中）卫（中）宁平原组成，以青铜峡水利枢纽为分界。

黄河在这里平静地流淌，灌溉着两岸的农田，造福当地的人民。因而有"天下黄河富宁夏"，"黄河百害，唯富一套"的说法。宁夏银川附近的土地平坦，面积广阔，利用黄河水进行自流引灌已有2000多年的历史。这里物产丰富，名贵中药枸杞和银川大米品质优良，有"塞北江南"之美称。内蒙古河套平原十分干旱，在其西部，年降水量不到200毫米。这里"无水是荒漠，有水成绿洲"。黄河水给这里的工农业生产创造了极好的条件。

在宁夏回族自治区内奔流的黄河，从甘肃兰州东下，闯过两峡和黄土高原。进入中卫，河面渐宽，两岸经过水流多年冲刷，冲积成中卫平原。黄河抵中宁后，被南北走向的贺兰山脉挡路。相传得大禹治水，引黄河水通过青铜峡峡谷向北流，进入宁夏腹地银川平原。秦、汉、唐时"引黄灌溉"的水利工程把平川变为"塞上江南"。流经宁夏500多千米的黄河，描绘出一幅"天下黄河富宁夏"的图景。

3. 壶口瀑布

壶口瀑布东濒山西省临汾市吉县壶口镇，西临陕西省延安市宜川县壶口乡。黄河至此两岸石壁峭立，河口收束狭如壶口，故名壶口瀑布。瀑布落差9米，蕴藏丰富的水力资源，是中国最美的六大瀑布之一，其奔腾汹涌的气势是中华民族精神的象征。

壶口瀑布是黄河中游流经秦晋大峡谷时形成的一个天然瀑布。滚滚黄河水至此，300余米宽的洪流骤然被两岸所束缚，上宽下窄，在50米的落差中翻腾倾涌，声势如同在巨大无比的壶中倾出，故名"壶口瀑布"。壶口瀑布距陕西省宜川县城40千米，距山西吉县城西南约25千米。瀑布宽达50米，深约50米，最大瀑面3万平方米，是仅次于贵州省黄果树瀑布的第二大瀑布。

黄河壶口瀑布景区面积约 100 平方千米，为陕西省和山西省共有著名风景名胜区，1988年被定为国家重点风景名胜区，现为国家AAAA 级景区。亚洲飞

壶口瀑布

人柯受良和黄河小子朱朝晖先后驾驶汽车和摩托车成功飞越黄河壶口瀑布景区。

平日里"湍势吼千牛"的壶口瀑布，在"冷静"中呈现出别样风情：黄河水从两岸形状各异的冰凌、层层叠叠的冰块中飞流直下，激起的水雾在阳光下映射出美丽的彩虹，瀑布下搭起美丽的冰桥，令人不禁慨叹大自然的鬼斧神工。

走过宽阔的河滩，人可以与壶口瀑布非常近距离地接触。非汛期时节，稍有胆量的人可以沿着凹进石崖的一道被水冲刷的石槽绕到瀑布内，领略铺天盖地的洪流从头顶越过，那种惊涛骇浪的视觉体验，与《黄河大合唱》给人的精神洗礼一样荡气回肠

黄河壶口瀑布以排山倒海的壮观气势著称于世。滔滔黄河到此被两岸苍山挟持，束缚在狭窄的石谷中，300 米余宽的洪流骤然收束为 50 余米，这时河水奔腾怒啸，山鸣谷应，形如巨壶沸腾，最后从 20 余米高的断层石崖飞泻直下，跌入 30 余米宽的石槽之中，听之如万马奔腾，视之如巨龙鼓浪，形成壶口大瀑布中的"雷首雨穴"、"万丈龙槽"、"彩桥通天"等种种奇观。

名胜区内还有孟门夜月、壶口冰桥等著名景点。在壶口瀑布往下 3000 米的河道中有一块巨大的奇石，人们称它为"孟门山"，河水至此就分成两路，从巨石两侧飞泻而过，然后又合流为一。这里

又是人们观赏"孟门夜月"的地方。每当农历月半，夜临孟门，可见河底明月高悬。站北南观，水中明月分为两排飞舞而下；立南北望，水里明月合二为一迎面而来。每到冬季，黄河上游的水夹杂着大大小小的冰块涌至壶口，叠摞堆积起来，和石岸相平，形成了连接陕西、山西两省的天然通道。"壶口冰桥"亦为一景。景区内还有明代码头、同治长城、四铭碑亭、龙门飞渡等人文景观，有唐太宗李世民带兵征战的挂甲山，宋元年间的坤柔圣母殿等。黄河入"壶口"处，湍流急下，激起的水雾，腾空而起，恰似从水底冒出的滚滚浓烟，十数里外可望。壶口雾气的大小与季节、流量有关。冬季河面封冻，瀑布多成冰凌，地表来水减少，壶口流量降至150～500立方米/秒，激浪不大，飞出槽面水雾极少；夏季流量大增，水流溢出深槽，落差甚小，瀑布消失，不易形成升入高空的浓密水雾；春秋两季，流量适中，气温不高，瀑布落差在20米以上，急流飞溅，形成弥漫在空中的水雾，即"水底冒烟"一景。

壶口瀑布不仅有"水底冒烟"奇景，更有"旱地行船"之说。上游船只到此，必须离水登陆，经人抬或车运绕过壶口（即所谓"旱地行船"）方可入水续航，千百年来，概莫能变。

壶口瀑布落差大，加之瀑布下的深槽狭长幽深，水流湍急，给水上船只通行带来很大的困难。过去从壶口上游顺水下行船只，不得不先在壶口上边至龙王庙处停靠，将货物全部御下船来，换用人担，畜驮的方法沿着河岸运到下游码头，同时，靠人力将空船拉出水面，船下铺设圆形木杠，托着空船在河岸上滚动前进，到壶口下游水流较缓处，再将船放入水中，装上货物，继续下行，在岸上人力拖船很费力气，常常需上百人拼命拉纤。尽管有一些圆形木杠，铺在船下滚动，但石质河岸上仍被船底的铁钉擦划得条痕累累。在当时的条件下，"旱地行船"可能是水上运输越过壶口瀑布的最佳选择，它与壶口瀑布上下比较平缓的石质河岸相适应，近来，由于公路、铁路的迅速延伸，以及壶口附近黄河大桥的修建，过壶口的水上航运已阻断多年，旱地行船现仅可看到昔日行船留下的痕迹。

壶口瀑布反复冲击所形成的水雾，升腾空中，使阳光发生折射而形成彩虹。彩虹有时呈弧形从天际插入水中，似长龙吸水，有时呈通直的彩带横在水面，像彩桥飞架，有时在浓烟腾雾中出现花团锦簇，五光十色，飘忽不定，扑朔迷离。霓虹戏水是"水底冒烟"与阳光共同作用的产物。春秋两季，水底冒烟、浓雾高悬，每遇晴天，阳光斜射，往往形成彩虹；夏日雨后天晴，有时也会出现彩虹。

山飞海立是对壶口瀑布磅礴气势的形容，黄河穿千里长峡，滔滔激流直逼壶口，突然束流归槽，形成极为壮观的飞瀑，仰观水幕，滚滚黄水从天际倾泻而下，势如千山飞崩，四海倾倒，构成壶口瀑布的核心景观。

悬瀑飞流形成的水雾飘浮升空，虽然烈日当空，但在瀑布附近，犹如细雨，湿人衣衫，这也是水底冒烟所产生的又一有趣的景观，一般越接近河面水雾越浓密，因而，在水底冒烟时，岸边观瀑难免衣服湿漉漉，如在轻洗。

黄河在峡谷中穿行，汹涌的波涛如千军万马，奔腾怒吼，声震河谷，当瀑布飞泻，反复冲击岩石和水面时，产生巨大的声响，并在山谷中回荡，恰如万鼓齐鸣，旱天惊雷，声传十数里外。只有在壶口瀑布附近，才能真正感受到"黄河在怒吼"、"黄河在咆哮"。

壶口至孟门约 5 千米，在这段 400 多米宽的箱形峡谷的底部，黄河水流下切，形成一条 30～50 米宽，10～20 米的深槽。黄河水从壶口奔涌下泻后，以每秒数千立方米的巨大流量归于此槽。由于传说它为龙身穿凿，故取名"十里龙槽"，也称"十里龙壕"。是壶口瀑布溯源上移，瀑下深潭随之连续延伸所形成的，此深槽嵌在原谷底基岩河床中，槽旁原河床底的大部分，成为非洪水期的河岸，这种河岸比较宽、平，全由坚硬的砂岩构成，近水处，几乎没有一点砂石，平坦的可以在上面行车，"旱地行船"正是利用了这种地质地貌条件。

由于四季气候和水量的差异，壶口景色也时有所变。壶口瀑布最佳观赏期分为两段，一是春季 4～5 月份，正值农历三月间，漫山遍野的山桃花盛开，岸边冻结的冰崖消融，称为"三月桃花汛"；二是秋季 9～11 月份雨季刚过去时，河边众多山泉小溪，汇集大量清流，阵阵秋风吹过，常有彩虹出现，叫做"壶口秋风"。这两个时期，水大而稳，瀑布宽度可达千米左右。主瀑难以接近，但远远望去，烟波浩渺，威武雄壮。大浪卷着水泡，奔腾咆哮，以翻江倒海之势，飞流而下。真是"水底有龙掀巨浪，岸旁无雨挂彩虹。"此情此景，实非笔墨所能形容。数九寒冬，壶口瀑布又换上了一派银装玉砌的景象，在那瑰丽的冰瀑面上，涌下清凉的河水，瀑布周围的石壁上，挂满了长短粗细不一的冰滴溜，配上河中翻滚的碧浪，更显示出一幅北国特有的自然风光。

粗犷、深厚、庄严、豪放的黄河，是中华民族的象征；千姿百态，壮观无比的壶口瀑布则是黄河的代表。

4. 黄河三峡景区

黄河三峡是小浪底与王屋山所孕育的精华，位于小浪底水库大坝上游 20 千米处，总面积 40 平方千米，是小浪底风景区的精华所在。

1999 年黄河小浪底水利枢纽工程蓄水后，在 2700 平方千米的流域内形成了华北罕见的高峡平湖壮丽景观，奇迹般地圆了中华儿女根治和利用黄河的梦想，使国人为之振奋和自豪。

小浪底黄河三峡景区乃世界地质公园、国家水利风景区、中国最具吸引力的地方、河南十大热点景区、小浪底之精华景区。景区位于小浪底大坝上游 20 千米处，总面积 40 平方千米。地处北部山岳旅游带与南部黄河旅游带（三点一线）的水陆接合部、国家级风景区王屋山、小沟背景区与小浪底游线的枢纽地段。

王屋山是我国的名山，又是我国九大道教名山之一。这里山势雄伟，沟壑纵横，奇峰绝壁，溪水清幽，洞龛众多，胜迹遍野，有

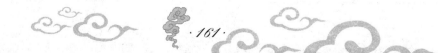

中华民族早期文化遗迹，诸如"女娲补天"、"愚公移山"、"轩辕黄帝祭天"等历史文化景观。王屋山风景区的特色为雄、秀、险、奇、幽，有奇峰秀岭38座、神洞名泉26处、秀坪幽谷15处、天坛胜景五奇观。它是我国北方典型的山岳型风景名胜区。

黄河三峡景区，是由三峡、四山、五岛屿、三寨、五洞和十二峰组成。这里自然景观和人文历史景观达60余处，可谓泱泱大观。诸如曹魏古栈道、鲧山禹斧、赵匡胤石牛发迹、夫子堂、孔家龛、孟良寨、焦赞坪、普救寺、陈谢大军黄河渡等，这都和我国不同时代的历史故事紧密相连。不仅山、水、崖、洞和谐交融，自然资源丰富，而且还有鲧山禹斧、犀牛望月、孟良活地、京娘化凤、石人顶石山、章公背章婆等自然人文景观，景点达80余处。是小浪底旅游资源之精华所在。

黄河三峡群峰竞秀、山水交融，三条峡谷各有千秋。孤山峡鬼斧神工、群峰竞秀；龙凤峡九曲十折、峡深谷幽；八里峡，峭壁如削、雄伟壮观，号称"万里黄河第一峡"。从小浪底大坝北岸码头

黄河三峡风光

乘船驶向上游25千米处，即进入万里黄河第一峡——八里峡。八里峡是全长5460千米的滔滔黄河中最后一段峡谷，是黄河主河道中下游最狭窄处，峡宽仅一箭之地，峡长8千米。两岸悬崖峭壁，水流湍急，惊涛拍岸，气势极为壮观。

龙凤峡位于八里峡北岸入口处，峡长10千米，九曲十八弯，峡窄水瘦，峰旋流转，山石嶙峋，林壑幽深，烟霭氤氲，溪水潺潺，五步一潭，十步一瀑，有香炉山、皇冠顶、骆驼峰等景观。龙凤峡

和峡谷中的凤凰坡相辅相成，形成了一幅天然的龙凤呈祥图，故名龙凤峡。

孤山峡在八里峡北岸中段清河口，为南北走向，峡谷蜿蜒3千米，豁然开朗，出现10平方千米的逄石湖，高峡平湖，清波荡漾，两岸湖光山色，炊烟袅袅，气象变幻，宛如蓬莱仙境。在孤山峡旗杆潭处，一座小石山，其形状如一头卧牛，惟妙惟肖。相传这块风水宝地，被大宋开国皇帝赵匡胤看中抢先得到，从而出人头地，登上大宝座，成为一代天骄。

在三面环水，傲然屹立、直拨云端的孤山上，建成的三层大阁楼——大河楼，坐落孤山之巅，依山就势，建筑面积1000平方米。它白墙灰瓦，飞檐挑角，雄浑清秀，集古今南北建筑风格于一体。步入大河楼一层，有弘扬黄河历史文化为内容的大型展览，以《摇篮曲》、《黄河情》、《忧患录》、《圆梦篇》四个主题，全面、深刻地反映了光辉灿烂的黄河文化。登楼而瞰，山明水秀，满山挂翠，远望大河如带，环流而过，龙舟竞渡，水鸟翻飞，山水相依，美不胜收。

水绕青山山绕水，景区山水交融、港湾交错、高峡平湖、奇峰林立，构成一幅北方少有的江南之美、水乡之秀的壮丽画卷，完全可以和长江三峡媲美。如果说小浪底水利枢纽工程是黄河流域中一颗璀璨的明珠，那么，黄河三峡就是明珠上最亮丽的一道风景，吸引着我国和世界各国游人的目光。

5. 黄河花园口旅游区

花园口水利风景区，位于郑州市北郊12千米处黄河大堤南岸，占地面积600余公顷，东西全长10千米。1997年经郑州市旅游局批准成立，是郑州市爱国主义教育基地和对外宣传教育基地。2002被水利部评为"国家级水利景区"2003年被评为AA级景区，景区面积扩至12.8平方千米。

关于花园口的形成民间有这样一个传说：北宋时期，黄河在这里决了一次口，官府组织大量民工费了几年工夫才把决口堵住。大多数堵口修堤的民工都是灾民，早已无家可归，等把河水堵住，有的干脆不走了，他们就住在堵口修堤时盖的临时草庵里，在此开荒种地，成家养孩子，慢慢人多了，就成了一个村庄，取名叫桂家庄。后来随着黄河河道南移，从荥阳流出来的涧水在此汇入黄河后，把村落也淹没了，遂成为黄河渡口。又过了好些年，这里南来北往的人多了，成了个热闹的地方。到了明嘉靖年间，黄河岸边许家堂村出了个吏部尚书，姓名叫许赞的人，在这里修建了一座花园，方圆540余亩，种植四季花木，终年盛开不谢，远近人们争往游览观赏。后来黄河南滚改道，滔滔洪水，也把这座美丽的花园吞没了。当地人怀念此地才起名叫花园口。

1938年6月，日本侵略军逼近郑州，国民党军队不战即溃，拟仿效古代以水代兵，在此扒开黄河大堤，使豫、皖、苏3省44县受淹，导致近391万人难民流离失所。几百年过去了，许家花园早已被洪水淹没，古老的渡口也在20世纪80年代因郑州黄河公路大桥建成后永远地消失了，但没有了古花园和老渡口的花园口却永远地存留下来。1938年，国民政府在花园口扒开了黄河大堤，造成人为的黄河决堤改道，淹死了八九十万人。由于这样的悲剧发生，这花园口才更加出了名。

花园口是历史上震惊中外的"花园口决口事件"发生地。也是黄河下游的起始段，这里河面宽阔，气势磅礴，属于典型的游荡型河段，具有宽、浅、散、乱等特点。河势变幻多端，是观赏黄河的最佳去处。花园口还是绵延数千千米，号称"水上长城"的黄河大堤南岸的起点，她代表了黄河下游治理的最高水平，是黄河治理的窗口，同时还是一处爱国主义教育基地和黄河对外开放招商引资发挥个人才干的场所。花园口是黄河的缩影，也是展示黄河文化的一个窗口。

花园口景区主要景观和游乐项目有：将军坝、镇河铁犀、扒口

处遗址、黄河公路大桥、花园口水位站、花园口水利枢纽遗址、渔家乐、黄河漂流、沙滩泳场、骑马、狩猎、快艇、电子激光游乐等10大类50多种娱乐项目。下面主要介绍将军坝、扒口处遗址、岗李水库和南裹头黄河渔家乐。

将军坝始建于清乾隆八年（1745年），后经不断加固，距今已有250多年的历史，清嘉庆十三年（1808年）在此修建了一座将军庙，为百姓祈祷黄河安澜之地。庙址就是今天的花园口引黄闸址处，故称此坝为将军坝。将军坝上的大将军雕像取自明朝治水名将伏波的造型。将军坝正对景区主大门，位于花园口景区的中部。坝头西侧有一座铁犀牛，古代人们认为河患是水怪蛟龙在作祟，而水怪蛟龙又害怕犀牛，于是就在黄河边上修建了一座铁犀牛的雕塑，以镇河患，又称镇河铁犀。由明代兵部尚书于谦主修的镇河铁犀，主要源于我国古代文化中的"五行学说"。五行中铁属金，金生水，为水之母，五行中牛属坤，坤属土，土性能克水，取"五行学说"中相生相克之意，遂铸铁犀以镇河患。镇河铁犀是古代黄河水患的见证，同时也体现了古代人民战胜水患的美好愿望。

扒口处遗址主要包括：民国堵口合龙纪事碑亭、扒口处雕塑和决口口门界碑等处景点。民国堵口合龙纪事碑亭又叫八卦亭，这里是当年国民政府扒开大堤之后堵口闭气的地方，由两座六角的琉璃瓦亭相对而立，亭内各有六面柱体石碑一通，西为国民党所立，东为共产党所立。西碑亭是1947年5月，国民党政府实施花园口堵复后，其总裁蒋介石在急于打内战的同时，以标榜为人民做善事而立。扒口处雕塑高14米，显著地标出了当年扒开大堤的确切位置。当年扒开大堤坝时，口门宽约30米，后经洪水不断冲刷，最宽时达1460米，决口口门界碑就标出了口门最宽时东西两侧的位置。

岗李水库原是花园口水利枢纽工程。始建于1958年的花园口水利枢纽工程，原是大跃进时期的产物。当时的人们想把黄河从此拦腰截断，改变黄河的流向，造福两岸人民。但由于设计标准偏低，建成后的土坝于 1960 年大水时又被迫炸开，仅余这十八孔闸桥、消力池和河中一段神奇般残留至今的残坝。水域面积为 461 亩，水质清澈透明，可垂钓岸边，可泛波湖中，尽享大自然的情趣。

南裹头黄河渔家乐处黄河滔滔，一望无际，河水直击南裹头护堤，是黄河中下游涛声最响、旋涡最大、观看黄河视野最开阔的去处之一。景点主打品牌是"投入母亲的怀抱，喝着母亲的乳汁，领略母亲的风采"。游人可以一边欣赏黄河风光，一边利用免费提供的烧烤台和铁钎进行自助烧烤；也可以乘着渔船观览黄河雄浑壮阔的两岸风光，欣赏水鸟、野鸭的怡然自得，充分领略人与自然的和谐；还可以在体验黄河漂流惊险、刺激的同时，品尝到以世代打鱼为生的"黄河吉卜赛人"热情献上的纯正黄河佳宴，畅饮"黄河情"酒。夏季在黄河河道中央踩着滑软细腻的泥，泥似波动，从脚趾间流出，头顶烈日炎炎，四周水波荡漾，而脚下的阵阵凉意却直透心脾十分惬意。

6. 黄河三角洲自然保护区

在山东省北部古黄河入海处，有一片滩涂湿地，汹涌的河水奔腾呼啸地从中穿过，汇入大海。这就是 1987 年建立的，以保护湿地生态系统和珍稀濒危鸟类为主的黄河三角洲自然保护区。

黄河三角洲自然保护区总面积为 15.3 万公顷，其中，核心区面积 7.9 万公顷，缓冲面积 1.1 万公顷，实验区面积 6.3 公顷。保护区

黄河三角洲自然保护区

的地理位置优越，生态类型独特，是中国暖温带最完整、最广阔、最年轻的湿地生态系统，是东北亚内陆和环西太平洋鸟类迁徙的重

要"中转站、越冬栖息和繁殖地",是全国最大的河口三角洲自然保护区,是世界范围内河口湿地生态系统中极具代表性的范例之一。

保护区距东营市仅 60 千米,属温带季风型大陆性气候,一年四季分明,光照充足,雨热同期,年平均降水量为 551.6 毫米。这片三角洲是黄河挟带的大量泥沙填充渤海凹陷陆地的海相沉积平原。黄河尾闾摆动新成的陆地带地势宽阔低洼,面积逐年扩大,生态类型独特,海河相会处形成大面积浅海滩涂和湿地,成为东北亚内陆和环西太平洋鸟类迁徙的重要"中转站"和越冬、繁殖地。

黄河三角洲天高地阔,清新旷远,主要的旅游特色是奇、特、旷、野、新。这里是鸟的乐园,是世界上土地面积增长最快的自然保护区。这里的人工槐林有 11300 公顷,是中国华北平原地区最大的人工槐林。有丰富的动植物资源。

(1)植物景观

自然保护区内植物 393 种,属国家二级重点保护的濒危植物野大豆分布广泛,天然苇荡 32772 公顷,天然草场 18143 公顷,天然实生树林 675 公顷,天然柽柳灌木林 8126 公顷,人工刺槐林 5603 公顷。

(2)野生动物景观

自然保护区内分布各种野生动物达 1524 种,其中,海洋性水生动物 418 种,属国家重点保护的有江豚、宽喙海豚、斑海豹、小须鲸、伪虎鲸 5 种;淡水鱼类 108 种,属国家重点保护的有达氏鲟、白鲟、松江鲈 3 种;鸟类 265 种,属国家一级保护的有丹顶鹤、白头鹤、白鹳、金雕、大鸨、中华秋沙鸭、白尾海雕等 7 种;属国家二级保护的有灰鹤、大天鹅、鸳鸯等 33 种。世界上存量极少的稀有鸟类黑嘴鸥,在自然保护区内有较多分布,并做巢、产卵、繁衍生息于此。

(3)地貌景观

保护区地势平坦辽阔,视野宽广。置身其中,心旷神怡,让人

真正体验到"天苍苍，野茫茫"的感觉。

（4）水文景观

黄河经过长途跋涉，静静地流淌在三角洲大平原上，慢慢地注入海洋的怀抱，金黄色的水流伸展在海面上，形成蔚为壮观的黄河入海口景观。另外，保护区内有许多低洼积水区，水质洁净，清澈见底，其内生长着大量芦苇，许多野生鸟类在此栖息觅食，丰富了水文景观的内容。

（5）天象景观

"黄河口日出"是独特的奇异景观，在老黄河入海口处观看长河落日也别有一番情调，夕阳的余晖洒在黄河故道上，各种水禽在河面上嬉戏觅食，形成一幅天然画卷。

黄龙入海：是指黄河入海。经过5464千米的奔波，黄河入海时已显得坦荡而平静。放眼望去，河岸上茫茫的荒原与河水融合在一起，在蓝色的晴空下闪着金色的色泽，若乘飞机鸟瞰，海河交汇处是一条黄蓝分明的水位线恰似两匹绚丽的绸缎，在此打上一个同心结，系在黄河三角洲的颈项上。进入汛期，河水涌浪滚滚，涛声阵阵。水天一色，气势磅礴，如一条黄龙，咆哮着向大海冲刺。

芦花飞雪：在自然保护区内，芦苇是最早发芽吐绿的植物，在每一处低地和水泽地，都是一片淡淡的翠绿，芦苇植株高大，长势猛烈，几尺高的芦苇成片长成后，像荒原上的天然屏障。到了秋天，百草结籽，芦穗由淡转成粉白，成絮状物，成熟后像蒲公英一样离开母体，在空中、荒野上随风飘扬，如云如雪。

湿地生态：自然保护区内的湿地生态系统，是世界上暖温带地区保存最完整、最年轻、最广阔的，有800多种水生物资源，有百余种野生植物，有各种珍稀濒危鸟类187种，世界上存量极少的黑咀鸥在这里分布较多，最近发现最大集群1200余只，具有重大的科学考察价值。

九　与黄河相关的历史故事

秦始皇跑马修金堤

在河南濮阳南边的不远处，有一条古黄河大堤，称"金堤"，传说金堤是秦始皇修的。现在金堤已经成了黄河滞洪区的大堤。

秦始皇刚统一中国，就提出"南修金堤挡黄水，北修长城拦大兵"。那时候，黄河年年在濮阳一带决堤成灾，秦始皇下旨要在黄河涨水前，修一条黄河大堤，取名"金堤"。然而，在哪儿修呢？于是秦始皇就骑上马，叫监工大臣跟着，马跑到哪里，就修到哪里。他沿着黄河跑了200多里，马蹄印就成了修金堤的线路。

当时正修着万里长城，天下的青壮男丁都被征派走了。修堤监工大臣费尽吃奶的劲，也没找来多少能干的人。后来没办法，只好把那些老老小小的百姓、女人也都强征硬派，逼着到了黄河边。

开工的时候，正是三九严寒。多年的战乱，把老百姓们折腾得一贫如洗，个个穿着薄衣，又冻又饿，加上活重，"咕咕"、"咚咚"地躺倒了许多人。监工大臣们看着百姓们怪可怜，就由着民工们慢慢地磨着干活。一冬一春过去了，大堤没增长多少。

秦始皇听说堤修得很慢，下旨杀了监工大臣，又换了个新监工大臣。这个大臣见前任被杀，一上任脖子就发麻。他白天思，夜里想，一定得如期交差。他在州州县县、村村镇镇、都贴出告示，要每家每户都必须出人去修金堤，不去就抓。结果那些白发苍苍的老人、躺在床上哼哼叫的病人、上着学的顽童、刚生了小孩的妇女都被抓去修堤。

修堤工地上，挖土、抬筐、打夯，活重得很，每天都有人累死。监工大臣没日没夜地催着快干！快干！堤一天天见长了，高了。修堤的人一天天黑了，瘦了。

汛期快到了，秦始皇又下了圣旨，十天要全部完工，圣旨一到，吓坏了监工大臣。别说十天，再延长一个月也难完工呀！他想早晚是个死，就冒死送上奏章，说十天实难修好金堤。

秦始皇看过奏章，本要再杀这个监工大臣，又一想光杀也不是个办法，天下人还会骂自己残暴。但他仍不改限期，并说十天以后他要来察看大堤。

这一下更害苦了修堤的老百姓。每天日夜干，不能歇缓，没几天，堤上累死的人一堆堆一片片。

十天期限到了，秦始皇骑着马来了，问监工大臣："金堤完工了吗？"监工大臣战战兢兢地说："因没有土，还有几处没有填平。"

秦始皇说："我骑马从西向东看看堤修的怎么样。我的马回来时，金堤要全部修好填平。不然，小心你的头。"秦始皇说完，骑上马，一鞭打下，马向东咴咴地跑了。

监工大臣想来想去，终于想出了个办法。下令把死人填在不平的地方，上边盖些土，就省好些土了。尸体填完了，堤还填不平。监工大臣又下令把病着的、不能动的民工也要填进去。顿时堤上齐哭乱叫，百姓们谁也不愿动手。监工大臣就命士兵下手。堤上哭的哭，喊的喊，士兵们生拖硬拽，把许多活生生的人也填进堤中，盖上了土。

秦始皇骑马很快跑了回来。平坦坦光溜溜的金堤一眼望不到头。他刚过去，老百姓都咬牙切齿地骂个不停。

多少年来，这条金堤挡住了黄河水，减少了水患。要说修金堤是秦始皇的功劳，还不如说金堤是百姓的血汗和尸骨堆成的。

包公计铡河防官

北宋时期，黄河从现在的河南滑县穿过，向北流去。传说包公

铡河防官的事就发生在滑县。

包公刚坐开封府,滑县连续三年点雨不落,田地旱得都裂成缝,像铺了一张张乌龟壳,庄稼颗粒不收,老百姓缺粮断炊,纷纷推车挑担,背井离乡去逃荒要饭。包公把滑县的灾情奏明皇上,请旨去放赈。皇上应准命包公去滑县救灾。

包公带领王朝、马汉、张龙、赵虎,离了开封府,走了半晌,天空突然聚起阴云。包公看看天阴起来,心里叨念:下点雨吧,能赶上种麦,明年百姓们的日子会好些。过午,黄豆般的雨滴扑扑嗒嗒地落下来,一阵比一阵紧,只一袋烟的功夫,地上哗哗流起水来。包公只有住下,等雨过天晴再走。

久旱不雨,下起来没个头,直下了八九天。逃荒在外的人,听说家乡落了雨,纷纷冒着风雨起程回家,打算赶节令趁墒种庄稼。

那时在滑县的河防官是个见钱眼开、手狠心毒的家伙。他见黄河年年决口成灾,河防官打着治水招牌,明里贪暗里拿,白花花的银子向家里流,眼热得很。他用了两年功夫,在朝里托人保举,下边四处打通关节,银子花了几百两,终于坐上了河防大臣的宝座。他到了黄河边,心里美滋滋地想:治水堵口是拿钱往水里扔,没个数没个影,咋鼓捣都行,我这下该发财了。谁知道事情不尽如人意,他上任以来,年年坑塘没水河沟干,别盼黄河决口了,干旱得黄河连底都露出来了。当了三年河防官还没见银子的面,真败兴。他不想再混这个差事了,写了辞呈,准备送京,另找能摸弄钱的门儿,正好遇上这场连阴雨。

天像漏了底,雨紧一阵,松一阵,河防官的辞呈不能送了。一道闪电一声雷,风交雨,雨夹风。呼噜噜——咔嚓!随着一声沉闷的炸雷,一个心腹校尉慌张推门进来。

校尉结结巴巴地说:"大人,黄河涨水了。"

"好!"

校尉眨眨眼,心想:"黄河涨水,百姓受苦,有啥好!"他哪里

·171·

知道河防官正打如意算盘哩。

　　校尉向前凑了凑，说："这天有下头，怕——"没等他说完，河防官就瞪眼了："少啰嗦，还不忙去！"校尉碰了个没趣，起身走了。

　　猛然，河防官心里一亮，呼地窜出来，顾不得大雨浇头，喊回来校尉，问清了黄河水情。回来后，他在屋里手托下巴一阵儿思索，歪点出来了：黄河涨水，送上门的发财机会，一不做二不休，我把大堤一扒，来个大决口，让皇上老儿拨银两堵口吧！

　　河防官想定主意，连夜指使心腹校尉，用银子哄骗了一班人，爬上黄河堤，扒开一个豁口。雨水一冲，河水一涮，口子开了几丈宽，黄河水咆哮着向东流去。刚逃荒回来的老百姓，又遭了水灾，屋倒人亡，哭叫声令人寒心。河防官令人扒堤的同时，修好奏章：黄河在滑县决口成灾，请拨白银三万两，以作堵口治水之用。

　　皇上见了奏章，大惊失色，唯怕淹到开封。银两呢，国库又没有，就下旨，叫包公带的银子和粮食转给河防官。

　　雨慢慢住了，包公启程。一路上逃难的百姓成群搭伙，连绵不断。包公心里奇怪，下了雨，该回家了，为啥向外跑？一打听，是黄河决了口，水已淹到濮阳。

　　包公傍黑到了滑县，走上大堤，看看只有大半槽水，咋会决口哩？这时有一群老百姓头顶状纸，口呼青天大老爷，跪在包公面前的泥水中。马汉接过状纸递给包公一看，啊！状告河防官扒堤。包公倒吸了一口凉气，压住怒火，细听告状百姓讲明情况。

　　原来，这几个人见老天爷落雨，从外地沿黄河堤回家。他们归家心切，连夜赶路，快到家了，却见堤上有灯火闪动，走近一看，是河防大人的部下在扒堤。几个人扒上去拦阻，双方叮叮咣咣打起来，结果被抓住两人，其他人见势不好就跑了。河防官怕走漏风声，把抓住的两个人扔到黄河里，四下查寻跑走的那几个人。

　　包公听后气得眼冒金星：你河防官扒堤淹百姓，我轻饶不了你。河防官为啥扒堤呢？包公正细想的当儿，只听一声高喊："圣旨到！"

包公接旨，才知道皇上命他把银子、粮食全交给河防官。噢！包公这才明白，河防官为的是银子呀。

包公晚上住在河防官的官府里。河防官收了包公带来的一万两银子、一万石粮食，心里乐哈哈的。

夜里，河防官睡不着，一会儿盘算这次能捞多少银子，一会儿想起自己扒堤，不由得心虚害怕，疑神疑鬼，心口怦怦乱跳。三更天了，河防官还睡不着，对着大柜里的银子，高兴得嘿嘿直笑。笑声未落，笃笃笃，一阵打门声。"吱扭"，门被硬推开，进来四个浑身穿白、披头散发、袒胸赤脚、身上水淋淋的人。河防官一惊，哎呀！这，这是淹死鬼吧？吓得河防官胳膊直筛糠。

河防官战战兢兢地问："你们来干什么？"

"你扒黄河堤，把我们淹死，今天报仇来啦。"

河防官头发直立起来，吓得尿了裤子。他镇镇神儿，说："我是皇帝命官，河防重臣，护堤治水，怎能扒堤？"

四个"淹死鬼"对着河防官厉声说："你还不认账，把你拖出去仍到黄河里。"说着，这个抓头发，那个拽胳膊，个个露出凶相。河防官两腿一软，跪在地上，又磕头，又作揖，连喊饶命。

抓头发的"淹死鬼"问河防官："堤是不是你扒的？"

"是，是。"

"堵口的银两能不能分给我们一些。"

"能，能。"

"好，这就饶你。"

河防官头拱地，嘴里不住地说："谢谢诸位魂灵！"

扑哧，河防官被踹了一脚，一屁股歪在地上，抬头一看，吓了一身鸡皮疙瘩。面前站的是王朝、马汉、张龙、赵虎，地上扔了一堆湿衣裳和假面具。河防官这才醒过来，自己上了当。

河防官指着四个人说："这是什么意思？"

"把他拿下！"门外一声喊，包公进来了。包公嘿嘿一阵冷笑，

说："河防大人，就是这个意思。"

第二天，百姓们听说包公要在黄河堤上铡河防官，方圆几十里的人都纷纷来看热闹。午时三刻，包公一声"开铡"，河防官的脑袋搬了家。刽子手把河防官的尸体扔到决口里。百姓们还不解气，用砖头、瓦块、土坷垃向尸体砸去，千人投，万人扔，转眼竟把决口堵住了。

河水淹来两庄亲

顺河街和芦岗村都紧靠黄河，上下相距 100 多里。两个庄的老百姓路远心近，逢年过节，你来我往，亲如手足。说起来两个庄不同族，不同姓，不沾亲，不带故，是一场黄河水灾，把他们淹在了一起。

顺河街是个只有几十户人家的小村庄。这里常遭黄河水淹，老百姓的日子苦如黄连，过着吃糠咽菜的穷日子。

顺河街有个岳老汉，他心眼好，辈分又大，人人都尊敬他。岳老汉 60 多岁了，还整日闲不住，起早摸黑侍弄着黄河滩里的几亩地。好赖今年遇上风调雨顺，地里的高粱长得还不错。岳老汉心想，今年"伏汛"算过去了，只要秋天没风没雨，黄河水平平安安，能把粮食收到家，四五口人的生活就有指望了。

高粱穗泛红时，岳老汉叫儿子在地中间搭了个离地 5 尺高的凉棚，轮流看着庄稼。后来，岳老汉干脆谁也不让去了，他一个人日夜死守在地里，连吃饭也不回家。

这天，晴朗的天突然变了，狂风骤起，刮得黄河滩天昏地暗，风沙打在脸上生疼；紧接着下起了瓢泼大雨，黄河水随着雨声，翻着滚上涨，一袋烟功夫，黄河水淹没了河滩。岳老汉的高粱地也成了一片汪洋。

岳老汉看着事情不妙，慌忙从凉棚上跳进水里，向大堤上游去。离大堤不远了，怎奈岳老汉体力不支，顺手抓住一棵柳树，拽住树枝，上了树杈。

岳老汉的儿子掂着草帽，顶风冒雨，从家里跑出来去接岳老汉。他跑到大堤上，看到爹在柳树上爬着，便喊着"搂紧树，我来接你"，便跳进了水里。雨越下越大，风越刮越猛，狂风卷着黄河水浪，呼噜哗啦，把大柳树连根拧起。岳老汉和树一起被冲走了。

岳老汉的儿子紧游过来。柳树在水里翻了两番，顺着水射箭般地飘走了。岳老汉的儿子叫声爹，"哇"地哭起来。

冲啊冲，飘呀飘，岳老汉心里昏昏沉沉，连搂树的劲也没有了。他知道自己是必死无疑了，咬着牙，用腰带把自己捆在树上。刚捆好，一个浪头扑来，岳老汉昏迷过去。后来风停了，雨住了，岳老汉不知在水里过了多长时间，被柳树带着，飘悠到了芦岗村。

芦岗村的老百姓见黄河里有人，几个小伙子下水，把岳老汉救了上来。

岳老汉已奄奄一息，满身是泥沙，肚里也灌满了水。芦岗村的乡亲把岳老汉抬回村，费了好大劲，才把岳老汉救过来。芦岗村也穷的叮当响。乡亲们这家送衣，那家端饭；灌药的灌药，喂汤的喂汤，把岳老汉感动得直掉泪。芦岗村的老人把岳老汉当弟兄，年青人把他当老人，精心照料，好生伺候。很快岳老汉恢复了健康。

不知不觉，岳老汉在芦岗村住了半个月。他挂念老婆孩子，一心要回家。芦岗村的人一再挽留，岳老汉又住了十几天。村里人见实在留不住了，就挑了两个身强力壮的后生，用手推车送岳老汉回家。全村人把岳老汉送到村头，千叮咛万嘱咐，有空儿来芦岗村串串。岳老汉千恩万谢，说他下辈子也忘不了芦岗村的恩情。

一到顺河街，岳老汉老远看到自己家门口一片人。看来家里有啥事，岳老汉跳下手推车，大步流星往家跑。

岳老汉来到门口，看到门两边贴着白纸，心里像泼了凉水。家里死人啦？他拨开人群，侧身向里挤。人们回头一看是岳老汉，都惊得向后退，问他是人还是鬼。

岳老汉听了，更加诧异，不管三七二十一，挤进院里。院里停着一口棺材，儿子披麻戴孝，号啕大哭。他以为是老伴死了，不问青红皂白，喊了声"孩他娘啊"失声痛哭起来。

几个年岁大的老人，见岳老汉进门就哭，忙拽住他喊"老岳回来啦！"岳老汉的老伴从屋里出来，抓住岳老汉问："你是人是鬼？""是人，是人呀！"老伴上下看着岳老汉，用拳头捶着他的肩膀，悲悲凄凄地说："你可把俺娘几个害苦了。"老伴抽抽泣泣讲了岳老汉被水冲走后的情况。

自那天岳老汉被水冲走，他儿子和村里的人干着急没办法。岳老汉的老伴天天跑到黄河堤上望着黄河哭叫，几乎急死了。后来，儿子和一帮人沿黄河找了几十里，寻访了个把月，也没找见岳老汉的尸体。老伴无奈，就弄了口薄棺材，放进岳老汉的衣服，埋个衣冠冢算啦。这不，眼下正要出殡哩。

岳老汉听了，又伤心，又好笑。他招呼大家进屋坐下，说："我能活着回来，全靠芦岗村的乡亲们救了我。"这时，来送岳老汉的年轻人，被让进来。岳老汉的儿子"扑通"跪下来，说："谢谢你们，救俺爹的大恩永世不忘。"

岳老汉回来了！全村人都跑来看望庆贺。岳老汉儿子撕掉门上的白纸，搬走棺木，把丧事变成喜宴，热情招待芦岗村的救命恩人。

从那以后，顺河街和芦岗村的老百姓人来客去，越走越近，亲如手足，成了患难之交。他们的情谊世代相传，人们都感叹地说，是黄河水把两个村淹在一起了。

◇ 黄龙和黄河

很久很久以前，天下一片浑浊，地上雾气濛濛，到处是野草丛生，那时还没有黄河。后来人们懂得了钻木取火，学会了种植五谷杂粮，大地上才有了生气。人们日出而作，日落而息，乐乐哈哈，过着无忧无虑的生活。

东海龙王听说人们日子过得很舒服，心中嫉妒，就施展淫威，一连三年不行云播雨，使大地大旱，五谷颗粒不收；人们叫苦不迭，许多人被旱魔夺去生命。

天上有条黄龙，千年修炼成正果。黄龙身躯可长可短，长达万里，短若毛虫；身体既柔且刚，柔时弯曲绵软，刚时挺如铁棒。黄龙是黄角、黄鳞、黄爪、黄尾，或在天空飞行，或在地上跑动，闪出一道黄色光芒。黄龙脾气不好，性颇倔傲；事不顺心，暴跳如雷。

这天，黄龙在九霄之上腾云驾雾，消闲解闷，一览地上胜景。他飘飘悠悠来到中原，向下细看，绿油油的田野变成了赤地千里，人们怨声载道，恨骂苍天不降甘霖，残害百姓。黄龙生来就是个路见不平拔刀相助的狭义禀性。他一摆龙尾，来到东海，径直进了龙宫，责问东海龙王："为何不普降甘露？"东海龙王乜视一眼气势汹汹的黄龙，说："行云播雨是我的事，与你何干？敢来训斥我！"

黄龙说："天帝把行云播雨的事儿交付给你，是让你顺应民意、风调雨顺、五谷丰登。你竟三年不降半星滴雨，这是上毁天帝声誉，下害黎民百姓的罪孽行为。"

东海龙王无言可答，无理可讲，眼一挤，耍出一副无赖模样，说："我再来三年大旱，叫你干气干急"。

黄龙气得青筋乱蹦，七窍生烟："你……"

"你有本领，去降雨，让老百姓给你烧香磕头。"东海龙王嘲弄地望着黄龙，一阵哈哈大笑。

"你！不要欺人太甚，狂妄无忌。"黄龙急红了眼，对着东海龙王大喝一声，猛摇身躯，"呼"地跃出东海，来到中原大地上空。黄龙在万里晴空中上下翻腾，使出浑身解数，口吐狂风，把四面八方、天涯海角的云霭雾气，吹到中原上空。顿时，中原上空乌云密布；黄龙又施开本领，乌云化为雨珠，哗哗哗，暴雨倾盆而落。

黄龙降雨，惹怒了东海龙王。他立刻上天，奏报黄龙多管闲事，越权行雨。玉皇大帝准了东海龙王的奏章，传旨召黄龙立即回天宫。

雨才下了三指深，禾苗刚转生机，黄龙哪肯把雨止住，来了个抗旨不回。这一来，玉皇大帝发怒，调遣天兵天将，硬把黄龙用铁锁捆绑，押回天宫。

黄龙被押走，大雨没头没脑地直下。他一走，没人把雨止住收回，中原大地到处成了水，淹了村庄，淹了田地。玉皇大帝知道后，叫东海龙王快去把雨收回，东海龙王幸灾乐祸，佯装有病，拖拖拉拉，又让暴雨下了七天七夜，使地上成了一片汪洋，造成洪水灾害。老百姓们不明真相，个个痛骂黄龙为非作歹，假充善行，残害万民。

黄龙被押回天宫，玉皇大帝不问青红皂白，兴师问罪，呵斥黄龙目无天规。下旨把黄龙囚进瑶池，不准乱动。

黄龙本是火爆脾气，那能忍受这种窝囊气。他在瑶池中狂呼嘶叫，要见玉皇大帝说个明白，和东海龙王说理算账，争个眉高眼低。玉皇大帝和东海龙王有姻亲关系，东海龙王又常给玉皇大帝送些美味海肴，玉皇大帝自然袒护东海龙王，对黄龙的吵闹置之不理。黄龙见玉帝不管不问，更是火上浇油，天天骂声不断，连玉皇大帝也捎带上了。玉皇大帝听说黄龙胆大包天，竟敢骂自己，脸一沉，要把黄龙贬入民间当牛作马。幸亏太上老君出面讲情，说黄龙降雨是替天行道，一番好意。玉皇深知太上老君疾恶如仇，扶弱抑强，在天宫受众神仙的爱戴，便也不愿意得罪太上老君，就顺水推舟，给点面子，只收去黄龙头上的黄风珠，使黄龙失去了腾云驾雾的本领。

黄龙不服，在瑶池里拼命挣扎。一天夜里，黄龙撑断了铁索，趁看守他的天兵熟睡的时候，爬出瑶池，一头扑下来，落在崇山峻岭之中。

黄龙抬头看看，四周山连山，绵延不断；峰挨峰，奇拔突兀。这是什么地方？黄龙前观后望，决心找个出路，认准东方，奔向东海，找东海龙王报仇雪恨。正当他辨不清东南西北，不知向哪个方向走的时候，一个白须白发老头叫了他一声："黄龙，你要去哪里？"

黄龙一看是太上老君，忙跪拜施礼，说："请仙长指路，我要去东海，找东海龙王。"

太上老君说："这里是巴颜喀拉山，离东海万里之遥，路上千山万壑，你又不能腾云驾雾，靠在地上爬行，不太好走哇！"

黄龙说："纵有千难万险，我黄龙矢志不移，不到东海除掉东海龙王，誓不罢休。只请仙长能指点一条近路。"

太上老君指给黄龙一条直通东还海的近路，又告诉黄龙说："东边中原大地洪水成灾，已有大禹在治水，一旦洪水下去，还要干旱。你若真是侠义肝胆，愿为民造福，就把你走过的路，变成一条河沟，把这里的水引过去，求得百姓们的谅解和同情，那战胜东海龙王的事就不在话下。切记，切记！"

黄龙点头说："一定按仙长指点行事。"

黄龙在山脚下，歇息了几天，恢复了元气，活动了一下身肢，迈步向东海走去。就在这时，天上闪过一道白光，阴森可怕，待黄龙睁目看时，白角力士手持方天戟，拦住了去路。

白角力士叫道："黄龙，你私下逃离瑶池，使玉皇大帝动怒，令我来捉拿你，还不赶快伏地自缚，随我回去！"

黄龙说："不到东海，誓不回头。"他抖起精神，先向白角力士打去。

在巴颜喀拉山下，黄龙和白角力士打了三天三夜，黄龙越战越勇，虽说他不能腾云驾雾，但毕竟修炼千年，白角力士根本不是对手。白角力士体力不支，稍一疏忽，被黄龙打瞎了一只眼。白角力士惨叫了一声，腾空而去。黄龙也不敢久留，钻进了积石山。黄龙在积石山中深一脚浅一脚，向东慌慌奔跑。

白角力士回到天宫，玉皇大帝一看他那狼狈相，骂声无能，随即传来诸位天神天将，说道："黄龙要去东海，还要拱出一条大河，这事万万不可叫他得逞。哪个去缉捕黄龙回来？"

玉帝问了几声，没人搭腔。大家都清楚，黄龙降雨本是好意；东海龙王逞强霸道，个个恨他，谁也不想去管这事儿。

玉皇大帝有些下不来台，又看看白角力士，说："你还敢去吗？"

白角力士正要报伤眼之恨，说："只是小神一人力单。"

玉帝说："再调九路神仙，十八位天将，由你指挥，捉住黄龙，个个记功封赏；如让黄龙窜进东海，个个贬下天庭。"

"是！"白角力士应一声要走，又被玉帝叫住。

玉帝叮咛道："黄龙武艺高，仙术广，不可与他硬拼强打。可在他东去路上，布阵设防，虚虚实实，真真假假，围剿堵挡。"

白角力士按着玉帝的吩咐，布下重重疑阵，众家神仙、天将，各自守据一处，单等捉拿黄龙。

黄龙出了积石山，向东是岷山，他连气也不喘一口，奋力向岷山闯去。眼看着就到岷山，太上老君又降落在黄龙面前，对他说："你不能按我点的路线走了，白角力士处处布阵，层层设防，捉拿于你。你可千万小心，既要穿山越岭，还要防备天神天将。"

黄龙忙问："仙长，我当如何对付才好？"

太上老君说："你要机动灵活，出其不意，趁其不备，见山就拐，遇阵就绕，迂回前进。路上决不可与他们久战，耗你体力。岷山中有重阵，不可硬闯。"说罢，太上老君不见了。

黄龙暗想，岷山闯不得，我就来个出其不意吧。黄龙到了现在的青海唐克地区，猛然扭头，来个大转弯，向北跑去。后来这里就被叫做黄河第一曲。

白角力士在岷山角下等了两天，不见黄龙，正纳闷时，看见山下一条黄线向北移动。白角力士一眼看穿，这是黄龙变小的身躯，缩小目标，隐蔽行进。他不敢怠慢，派出一路天神，驾云赶在黄龙前面，阻截黄龙。

岷山向北，是一抹草原，没有山峦起伏，地势平坦。地平好走，黄龙加快步伐，如迅雷闪电，向北闪过。跑着跑着，黄龙发现天神在前面挡道。他按着太上老君的指点，不和天神正面冲突，急忙又来了个大拐弯，向东钻入深山中。黄龙顺着山势，弯弯曲曲，穿过

龙羊峡、公伯峡、刘家峡，皋兰山却横在前面。黄龙把皋兰山打量一番，山低石少，不过是一个高土岗。他凭着自己的气力和本领，把身躯一挺，变柔软为坚硬，咬紧牙关，呼啸着向皋兰山撞去，"咚咚咚"连撞三次，皋兰山纹丝没动，碰得黄龙两眼直冒金花。

突然，皋兰山中一阵奸笑，跳出白角力士和一路天神。黄龙这才知道是天神布下的疑阵。他和白角力士斗了几个回合，不敢恋战，"咻"地把身躯变软，像一条小蛇，转身向北，蜿蜒而去，拱进贺兰山。

黄龙沿着贺兰山，翻崖穿谷，匆匆而行。为躲避天神阻拦，他拐了一个弯又一个弯。黄龙心里憋着一腔愤怒，忘了疲劳，忘了吃喝，日夜兼程，越跑越勇，越跑越快。

黄龙向北跑了数百里，阴山挡住了去路。他想，不能再向北了，这样会离东海愈来愈远。再说，他虽鼓着气没明没夜地奔跑，可气力渐渐不支，累得上气不接下气，为了尽快赶到东海，在阴山脚下，他又转了个弯，向东奔去。

黄龙刚走不远，太上老君又降落在他的面前。太上老君问黄龙："你气力如何？"

"头重尾轻，筋疲力尽。"

"向东是一溜大山，即使没有天神阻挡，也叫你够呛，不如就从此拐弯向南，那里全是黄土，行走、拱河十分省力；再者你造河时可把黄土冲卷进水里，带到东海，淤平龙宫，闷死龙王，为民除害。"太上老君话刚落音，转眼又不见了。

黄龙按照太上老君的指点，在阴山东头拐弯向南。他披星戴月，餐风饮露，用尽平生力气，卷走黄土，要一举填平东海，报仇雪恨，黄龙闯过龙门天险，到了潼关。向南是中条山，无路可走，黄龙又掉头向东。

东边是中原大地，一马平川，没有山峦峰谷。白角力士暗自惊慌，黄龙一到平原，临近东海，再无拦阻捉拿黄龙的时机了。白角

力士便布下三门大阵，请来数百名天兵天将，要和黄龙决一死战。

黄龙被里三层外三层地团团围住。黄龙知道，这是决定胜负的最后拼杀。尽管黄龙一路劳累，早已气喘吁吁。但他还是振作精神，力战群敌。怎奈黄龙寡不敌众，身上多处受伤。众天兵天将摇旗呐喊，里外呼应，慢慢缩小包围圈，眼看就可擒住黄龙了。

黄龙在重围中岌岌可危，心中无限惆怅，无限遗恨，看来将会前功尽弃，去东海无望。

这时人们已经知道中原洪水不是黄龙的过错。又听说黄龙要去东海找龙王报仇，历尽千难万险想造一条大河，为民造福，都十分同情和支持他。大家一传十，十传百，老百姓成群结队去请求大禹设法救援黄龙。

大禹带着开山斧、避水剑，力开三门，给黄龙打开一条向东的出路。黄龙悲喜交集，情不自禁地鼓足劲，不顾浑身是伤，冲过三门，跳出重围。当黄龙历尽艰辛来到海边时，已奄奄一息。

黄龙无力再去和东海龙王拼搏斗胜，只想遵照老君指点，舍生取义，为民造河。他用尽最后一点气力，施展法术，将自己的身体无限地伸长、伸长。

黄龙的头伏在东海边，身子沿着他西来东海走过的路向后延伸，弯弯曲曲，绵绵软软，高高低低，从头看不到尾，顷刻已是近万里。此时，只听黄龙惊天动地一声吼，他的身躯化为大河，河水滔滔，奔腾不息，直泻东海。

人们都说这条河是黄龙变的，就把这条河叫做"黄河"。

玉皇大帝把白角力士和没拦住黄龙的天神统统贬下凡，让他们长年累月住在原来布阵设防的地方。天神们眼睁睁地看着黄河水向东流淌。这样，就传下了"黄河九曲十八弯，弯弯有神仙"的说法。

据说，黄龙化成黄河后，并没有真正完全死去。隔一段时间，他还要喘口气，想翻翻身，动弹动弹，只是身躯太长动不得，使他怒不可遏。黄龙一发怒，黄河不是发水就是决口，给人们带来无限灾难。

尽管黄河给人民带来了无穷无尽的灾难，中华民族仍然念念不忘黄龙的情谊，照旧称黄河为母亲，说自己是黄河孕育的儿女。

铁鞭打黄河

相传在很久以前，李耳治水来到河南济源一带。他登上王屋山最高的天坛山，朝四面望去，只见近山连着远山，大岭套着小岭。山上松柏翠绿，山沟里的泉水奔流。景致真是好看。

李耳仔细察看眼前的山山岭岭，发现沿太行山南端的凤凰山和王屋山北端中间，是一条深有万丈的大峡谷。谷底宽敞，谷顶两边是只能看见一线青天的山峡。当时，李耳高兴极了。他看中了这条大峡谷，打算从这里把黄河从山西的龙门引过来，再让它流进河南东部平原。

由于他连日治水，奔波劳累，这时，他想在王屋山休息一下。李耳把刚刚引过来的黄河水拦在凤凰山下，就约了一个跟他一块治水的伙伴，在一个山洞里下起棋来。

李耳和那个伙伴的棋术都很高明，谁也不让谁，下了好久，终究不分输赢。

下着，下着，李耳忽然想起自己还没把黄河水引过来，便连忙站起来把棋盘一推，下山去了。当他再来到凤凰山上一看，啊呀，不好！原先被引过来拦在凤凰山下的黄河水，已经偷偷地从西面绕过潼关、风陵渡，向东直奔大海。水势汹涌，奔腾咆哮，看样子谁也挡不住它了。李耳一见，心中十分恼怒。他立即生起烘炉，拿起铁锤，在自己的膝盖上打成了一根几十丈长的大铁鞭。接着，他拿着铁鞭，迈开呼呼生风的两腿，很快追赶上了波涛翻滚，奔腾呼啸的黄河水。李耳冲上前去，高举铁鞭，大喝一声："好你这条野水！""啪"的一鞭打下去，直震得山摇地动，吓的黄河水打着漩涡不敢再往前流，翻着滚儿发了岔。从此，黄河被李耳用铁鞭打散以后，就乖乖地往东流去。

老年人们传说，现在流经济源的黄河里，有一条十几里长的夹河滩，就是当年被李耳的铁鞭打岔以后留下的。滩北黄河岸上有个镇子，叫野水镇。李耳和伙伴下棋的那座山，叫棋盘山。人们从山上过，还能听见李耳的金棋子在里面当嘟当嘟响呢！

大禹治水——三过家门

古时候，洪水泛滥，为了让人们能过上安定的生活，舜帝派大禹去整治洪水。大禹一去13年，"三过家门而不入"：第一次是在四年后的一个早晨。大禹走近家门，听见母亲的骂声和儿子的哭声，大禹想进去劝解，又怕更惹恼了母亲，唠叨起来没完，耽搁了治水的时辰，于是就悄悄地走开了。

治水六七年后，大禹第二次经过家门。那天中午，大禹刚登上家门口的小丘，就看见家里烟囱冒出的袅袅炊烟，又听见母亲与儿子的笑声，大禹放心了。为了治水大业，他还是饶过家门，赶紧向工地奔去。

又过了三四年，一天傍晚，大禹因治水来到家的附近。突然天下起了滂沱大雨，大禹来到自己家的屋檐下避雨，只听见屋里母亲在对儿子说："你爹爹治平了洪水就回家。"大禹听得非常感动，更坚定了治水的决心，立刻又转身上路了。

刘家峡的由来

黄河弯弯曲曲，穿过座座大山，到甘肃中部，在永靖县城附近，流进一条20多里长的大峡谷。峡谷两岸的山峰七上八下地耸立着，看着叫人头晕。黄河水像数不清的脱缰野马，在峡谷中咆哮奔腾而下。

离峡谷不远的山窝里，有个小山庄。庄里有个姓刘的老汉，家里有老伴和两个儿子。四口人靠几棵果树过日子。他们成年累月侍弄着宝贝似的核桃树、枣树、梨树，把收获的果实挑过黄河，到城里卖掉。虽说日子不很宽绰，倒也吃穿不愁。

刘老汉平日抠得很紧，舍不得乱花一个钱。买点油盐也要掂量掂量。穷人家没别的进城门路，不攒钱，有了事怎么办呢！

这年秋天，刘老汉挑上满满两筐核桃，起早去卖。他顺着弯来弯去的羊肠小道，一步一步地从山上边下来，傍晌午到了黄河水边。

摆渡过河的羊皮筏子在河对面。刘老汉就蹲在一块石头上，等羊皮筏子过来。

黄河水打着旋，浪头击到岸边山石上，水柱飞起几尺高，让人看着心里发憷。羊皮筏上坐满了人，刚离开对岸，起了大风。狂风顺山谷呼呼地穿过来，浪更大了，水更急了。

刘老汉起身站起来，提着心，瞪着眼，看着河里的羊皮筏子。筏子在水中忽上忽下，转过来掉过去。筏子上的人紧紧依偎着，有的闭上眼睛，有的乱喊乱叫，有的哭了起来。

筏子到了河中心，突然，一个浪头扑下来，羊皮筏子一下不见了。刘老汉打了个冷战，跪下来磕响头，不住嘴地念叨："上天保佑，上天保佑。"

谁知一浪过去，羊皮筏子却从水中钻出来，终于靠了岸。刘老汉抬起头时，人们正从筏子上下来，这倒把刘老汉惊呆了。其实，碰得巧，一浪扑不沉筏子的事也是有的，可刘老汉却认为是他求神的效应。

晚上，刘老汉回到家，吃饭时没端碗，睡觉时翻来覆去睡不着。半夜了，他叫醒老伴，把白天在黄河边遇到的事，有鼻子有眼地说了一遍。他要老伴支持他修庙供菩萨，保佑人们平安过河。

他老伴好说话，刘老汉咋说她咋依。接着又说服两个儿子，于是，他们把积蓄全拿了出来，买来砖瓦、木料。刘老汉请来匠人算一算，还差一半东西。他一咬牙把几棵果树也卖了。

全家人费了九牛二虎之力，凑够了料，在峡谷里盖起了一座庙。

从此，过河的人，总要先进庙祷告一番，乞求神灵，保佑平安。认为有菩萨保佑，能逢凶化吉，碰到狂风恶浪，筏子往往能躲过危险，到达彼岸。

许多年过去了，人们想念着这个好心的刘老汉，便把这个峡谷叫刘家峡了。

黄河与红枣的传说

传说很久很久以前，现在的三交与陕西清涧方圆八百里，群山巍巍，奇峰险峻，古木参天，绿草如茵。有一天，观音菩萨外出巡游至此，发现这里恰是一方仙家圣地，又见云雾绕间似有点点红珠，霞光隐约中放射着万道红光，"是何方圣物如此神奇？"观音菩萨想探个究竟，变成了一个村姑来到山中。

山峦环抱之间竟然有一户人家，院前的山坡上一位老翁和一对青年男女正在开荒种地，男子生得浓眉大眼，方头大耳，挥舞银锄，开垦山石，女子柳眉栅唇，身姿绰约，清秀可人，怀抱一捆小树，栽在男子刨开的坑里，老翁颤抖着白须，手拿小盆往坑里浇水，古铜色的脸上充满了自信和期盼。小院里蓊蓊郁郁，一片翠绿间，粒粒红果放着金光，煞是诱人！

观音施礼到："请问老人家尊姓大名，这里是什么地方？"

三个人这才抬头，诧异地看着来人，老翁缓缓道："这地方叫三，我叫河，他们是我的儿子秦和儿媳晋"

"这是什么仙果，这般诱人？"

"这是我们的食粮，我们世世代代以此为生"老翁自豪地说，"我们叫它圣果。"

女子放下手中的小树，摘了一把"圣果"送给观音："这荒无人烟的，姑娘要到哪里去？快坐下来歇歇脚，吃点果子解解渴，充充饥。"

观音含笑不答，只是问："请问，你们种的就是圣果树吗？"

"是啊，快要当爷爷了。好让我的孙子早点吃上圣果，让孙子的孙子早点过上好日子。"老翁的神情由喜变忧，"只是这荒山野岭，水实在太少了，不够浇哇！"

男子一直没有停下手中的锄头，汗水带着热气洒在了脚下的山坡上。

观音被这一家三口的勤劳、善良深深地打动了，脱口说道："老大爷，别着急，我来帮你"，说完净瓶一抖，只见老翁盆中的水越流越大，秦和晋见父亲盆里水忽然多起来，赶忙跑来帮忙，但水势汹涌，顷刻间变成了一片汪洋，老翁"河"随即融入了汪洋中，被册封为河神，后人以其名而命此水为河，因为老人浇树时挟带了地上的泥沙，致使河水变浑，又有人说老人的脸是苍黄的，水因此而变黄，故而成了我们今天的黄河。

据说秦和晋被大水隔在了两岸，依附着父亲"河"整日相望，久而久之，秦带着他的勤劳、勇敢、朴实融入了河西秦山峻岭，晋也同她的聪慧、美丽、善良融入了河东山川，变为肥田沃土，两人分别成为陕西、山西人民的始祖，故陕西、山西分别以秦、晋而称之。因秦晋原本为一家，所以现在人们说两家联姻为结"秦晋之好"。

又因这一带原名为"三"，后人为了区别黄河两岸两个地方，取其谐音，称河东为"山西"，河西为"陕西"；又说大水浇树之时，他们一家三口忙着浇树，便把它们浇树的地方叫做"三浇"，后改为"三交"；当时晋正抱着小树，观音点化后，隔在山西的晋怀中的小树须臾变成了大片树林，为让其早得贵子，世代兴旺，观音菩萨赐名此树为"早树"。此果为"早"，也就是我们今天的"枣树"和"枣"。

千百年来，"河"以其博大的襟怀哺育了一代代黄河子孙，"晋"以她无私的慈爱把甘美圣果——"红枣"留给了沿河儿女，使三交人民能世代享受这取之不尽、用之不竭的自然资源。

田国舅扒堤

田国舅是汉武帝的舅舅。他靠着有个当娘娘的姐姐，有个当皇帝的外甥，在朝中为非作歹，称王称霸，飞扬跋扈。汉武帝刚登上皇帝宝座时，不敢惹这位舅舅，对他又是封官又是封地。在京城里田国舅有很大的官府，还嫌不够，又向汉武帝伸手要地。汉武帝就在现在的濮阳北边，河南和山东交界的地方，封给田国舅一块风水宝地。

这片封地有良田千顷，打的粮食堆成山。田国舅在封地上修花园，建房屋。又过些年，田国舅当了丞相，更加专横不讲理，横行霸道。

这年，黄河大堤在濮阳一带出了险情。那时的治河官是汲仁和郭昌。两个人在黄河堤上领着河工们抢险固堤，忙得头不是头，脚不是脚。

田国舅听说大堤出险的地方，离他的封地不远，急忙离京赶到大堤上。他传来汲仁和郭昌，询问河堤险情。汲仁和郭昌告诉他，南岸大堤没事，北岸大堤险情一天比一天严重，弄不好就会决口。田国舅犯了嘀咕，北岸一决口，洪水窜出来，若挪屁股功夫就能淹掉他的封地。这可了不得，花了大把大把的白银修起的庄园，咋能叫一道水冲了？田国舅思量后对两个治河官下了命令：拱天戳地想办法，不能叫北岸决口，北岸大堤出了啥事，就拿你俩问罪下狱。

汲仁和郭昌也不糊涂，北边是田国舅的封地，万一黄河决口，两个人真要吃不了兜着走，谁敢惹他。

汲仁和郭昌不敢远离河堤一步，日夜加固大堤。可大堤险情越来越重，愁得两个人日夜不宁，吓得提心吊胆。

这天田国舅又把汲仁、郭昌传去，叫他们想办法保住北岸大堤。两个人说，啥法都用尽了，看来保不住。田国舅眼一瞪说："不是没法，是你们不想，还叫我给你们点破？"

汲仁和郭昌相互看看，不知田国舅葫芦里装的啥药，赶快跪下来说："请大人指点，一定照办。"田国舅便向他俩说透了，叫扒开南岸大堤，洪水一泻出去，北岸还会有啥事？汲仁和郭昌心里打战，这事千万干不得，一扒堤，不是成心苦害南岸的老百姓！

汲仁和郭昌回去后，俩人犯了愁。郭昌说："咱们不听田大人的，头上乌纱难保呀！"汲仁说："就是砍脑袋也不能去扒堤。"

第二天，田国舅派人去问汲仁和郭昌，办法想好了没有。这不是明摆着逼人嘛。汲仁和郭昌两个人意见不一样，汲仁说啥不干这伤天害理的事；郭昌说："有丞相做主，干就是干了。"晚上，郭昌偷偷去找田国舅。田国舅给郭昌许下愿，事成后保他升官发财。

第二天，郭昌挑了十几个心腹河工，乘船过河，扒开了南岸大堤。黄河水从扒开的口涌出去，一冲一涮，呼呼隆隆，大堤塌了十几丈宽。洪水嗷嗷叫着向东南窜去，转眼，淹了地，淹了村，成了黄水一片。

郭昌带着十几个河工过河回来，刚上岸，被一队官兵拦住。这是田国舅派来的人马，要杀人灭口。官兵不由分说，把十几个河工一一捆住，还倒打一耙，说他们故意扒口，扔进黄河。这可吓坏了郭昌，跪下磕头求饶。

田国舅给汉武帝写了奏章，胡说黄河大堤北岸由郭昌防护，安全无事；汲仁在黄河南岸不尽力护堤，马马虎虎，至使南岸决口。后来，汉武帝下旨撤了汲仁的治河官职，下了大狱，郭昌升为治河总督，又赏白银 200 两。

南岸的决口向外哗哗流着水，向东南方向看去，洪水没边没头。汉武帝便要下旨堵口，田国舅却左阻右拦，说东南地势低，河水一流，正好叫黄河改道算了，不让堵口。郭昌掌管了治河大权，事事处处照田国舅的眼色办，不敢去堵这个口。就这样，田国舅利用手中丞相的大权，明里说不行，暗里吓唬人，不准堵口，一流流了 20年。河南岸老百姓可受尽了苦头。

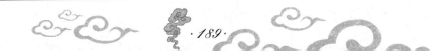

后来，状告田国舅的本章越来越多，汉武帝看着再不堵口要坏大事，就下旨堵口。汉武帝又查明了汲仁是受冤下狱，把他放出来，又任他为治河官，去堵口治水。很快汲仁堵住了这个流了 20 年的决口，洪水退了，老百姓回了家园。

❀ 神仙沟

在黄河入海口处，有一条小河，蜿蜒入海。这条小河，原是黄河的分叉，由于日月轮转，光阴流逝太快，黄河数次改道，小河离黄河越来越远，人们把这条河不再叫黄河叉，而叫神仙沟。

传说，晚清年间，有个打鱼的小伙子叫张良。家住黄河口的渔窝棚。

一天，张良和几个穷哥们出海了。这天大海上风平浪静，鱼虾翻滚。张良几个见打鱼顺当，舍不得早早回家，贪捞了几网，回家时，已是残阳倒照，鸟雀归窝的时辰。俗话说："天有不测风云"。正当张良几人唱着渔歌，满载而归时，突然间，海面上狂风大作，白浪滔天。霎时，电闪雷鸣，暴雨如注，水天相连。张良几人的小船，拼命地在风头浪尖上挣扎。小船一会被扬上天一会摔入波涛。他们迷失了方向。咆哮的大海将要把他们吞噬了。

在这节骨眼上，一盏红灯在他们面前冉冉升起，隐隐约约又传来鹿鸣鹤唳，箫笛玉音。红灯、仙乐，使张良等浑身来了劲。他们知道有红灯的地方，一定有人家。因此，他们喊着号子，奋力向红灯摇去。红灯若隐若现漂忽前进，仙乐律吕，醉人心肺，虚无缥缈。他们眼看赶上红灯了，但是红灯却又消失了，五音六律，只留长长的韵味。不多时，天已破晓，张良几个一看，船儿驶进了一条小河。小河的水清凌凌的，河面上，鱼虾戏逗，水鸟翔舞。河旁芦苇丛生，蒲草没人，鲜花盛开，清香扑鼻。他们好像进了仙境。张良几个回味了晚上情景，又细瞅这佳景圣地，瑞气缭绕，犹如银河。认为这小河沟是神仙住的地方，他们就把这条河沟叫做神仙沟了。神仙沟的名字越叫越响，一直流传到现在。

八盘峡

相传夏朝时，禹王爷坐着树排离家治水。他从西向东，一路疏通水道，来到金城附近。眼前，黄河水流被一座高耸入云的大石山挡住去路，沉沙在这里淤积起来，金城随时都有被淹没的危险。一心为百姓操劳的禹王爷看到这一情景，心中很不安，他决心让黄河水继续向东流淌，使两岸的百姓不会遭殃。

禹王爷不顾一路的劳累，水都没有喝一口，就登上那座云雾缭绕的石山，向山下四下察看，只见远处是一望无际的平川，近处是咆哮的河水，撞击着山岩。禹王爷想：为啥不把这大石山劈去一半，从旁边凿开一个通道，让黄河水从这里淌下去？这样，黄河水既可以灌溉农田，又不给金城附近的百姓带来危害，这不是一举两得吗！想到这里，禹王爷高兴得用手掌把石山一拍，不知是他高兴得用力过猛，还是他生来力大无比，石山竟被他拍下了一块。

禹王爷赶快回去把自己的想法告诉了百姓。百姓听后非常高兴，大家立刻拿起凿山工具，跟着禹王爷来到这里。但石头硬，开凿进度很慢。禹王爷想这要等何年何月才凿成呢？他一急之下，伸出手掌，一咬牙，用力向石山砍去，只听一声巨响，山尖被削去了，接着禹王爷又三下五除二地用手掌把半个石山削去，然后他就带领大家在石山旁边开凿了一条水道，让黄河水按照计划流淌。可是这许多被禹王爷劈下的石头堆放在哪里呢？如果放在一起，黄河水还有被堵住的危险。禹王爷想了想说："把它分成八滩，堆放在石山旁边吧！"就这样，被削平的大山旁边，增添了八个小山，黄河水就从这八个小山之间流去。打这以后，这里就被称作"八盘峡"。

等治好这一段黄河以后，禹王爷告别了大家，正想乘树排离去，但是百姓的一片挽留声，使他不由自主地再一次回过头来。猛然间，他看到那座自己削平的石山，光秃秃的立在八盘峡之间，很扎眼。

禹王爷心里说：如果在那上面种上庄稼不是很好吧！于是他又撑回树排，站在削平的石山上，双脚用力一跺，但见石碎尘飞，尘土落下，都附在石层上面。从此，八盘峡有了庄稼。

汉宣帝神爵元年（公元前61年），赵充国奉命进击湟水流域的先零羌。他率兵从金城（今西固地区）渡过黄河后，先派人到四望峡去侦察敌情，当得悉羌人没有设防时，不禁大喜，对部下说："我早知羌人不会用兵，如果羌人用数千人扼守四望峡，我军还能通过这里吗？"于是连夜引兵直取乐都。据青海史家李文实先生考定，四望峡即今八盘峡，以四望皆河而得名：北部庄浪河注入黄河，东部黄河出峡流向新城川，西南部黄河自永靖进峡，西北部湟水汇入黄河。

明清时，八盘峡之称取代了四望峡。八盘峡由八盘山得名。此山由于登山蹬道迂回曲折，几达八折，而被称为八盘山。八盘山雄踞黄河北岸，峭壁高达二三十丈，顶部却是平坦的黄土塬。八盘山跟南岸的青石峡对峙而立，都是石质山，新中国成立后，利用这一优越的地理环境建成了水电站，这个电站同它上游的盐锅峡、刘家峡水电站，使这一带的黄河得到了梯级开发，不仅提供了大量电力，而且调节了水量。新中国成立后兴建的兰青铁路穿过八盘峡，从而连接了兰新线、陇海线、兰刘（家峡）线，这才给汉代的四望峡，真正赋予了四通八达的含义。

花园口

郑州北边，黄河南岸有个渡口，叫花园口。1938年，蒋介石在花园口扒开了黄河大堤，造成人为的黄河决堤改道，淹死了八九十万人。这样花园口就出了名。

相传在很多年前，黄河在这里决了一次口。人们费了几年功夫才把决口堵住。堵口修堤的老百姓不少是灾民，早已无家可归，等把黄河水堵住，有的干脆不走啦，住在堵口修堤时盖的临时草庵里。

他们在这里开地耕种，成家养孩子，慢慢人多了，就成了一个村庄，取名叫贵家庄。又过了好些年，从荥阳流出来的涸水在这里流入黄河。这样一来，这里南来北往的人多了，成了个热闹的地方。

到了明朝，贵家庄出了个大官，叫许赞，在这里当天官。许赞当了几年官，搜刮了不少钱，就在家里修了个大花园。这个大花园方圆五六百亩大，种了许多奇花异草，一年四季花园里都开花，飘着香，远近几十里的人都来这里看热闹观花。

一年春天，许天官回家。贵家庄像赶庙会一样，一群群，一伙伙，搀老人，背小孩，挤拥不堪来许家花园看花。人多了，做小生意的，卖吃食的也多起来。许天官的花园在黄河和涸河角角里，来看花的人要过涸水，水上无桥无船，趟过来趟过去很不方便。许天官看到这些情形，就想：我要在涸水上弄个船，摆渡来往的人，这是个赚钱的买卖呀！

许赞想发财，就开挖了涸水入黄河的水口，让黄河水倒流到涸水里去。这样一挖，涸水河面宽了，水也深了。许天官弄了个大船，找了几个船工，修了渡口，摆渡行人。人们听说有了摆渡，来看花的人更多了。不到几个月，许天官就赚了不少白花花的银子。

夏季到了，黄河一涨水，呼地涌进了涸水，水越涨越大，黄河冲着涸水河口，向南滚了几里，稀里糊涂把许天官的大花园也淹没了。

后来这里真的成了南北来往的渡口。人们去这里的时候，总是说：到花园口去。这样花园口的名字就叫起来了。

河阴石榴

河阴石榴粒大汁多，酸甜可口，是黄河岸边的有名土特产。河阴，就是现在的河南荥阳到黄河边这一带地方。这里很早以前不产石榴，传说石榴是张骞带来的。

汉武帝时，张骞奉旨出使西域。一路上风餐露宿，跋山涉水，

历尽寒热饥渴之苦。越向西走，路越艰险，又加上水土不服，闹得张骞心满肚胀，不思饮食；虚火上升，口舌生疮。

这天，张骞和随从人员来到昆仑山下。他们又饿又累，张骞只好传令找个背风地方休息。

张骞每到一个地方，从不歇脚，这里瞧瞧，那里看看；找老人问问，和年青人谈谈，长了不少见识。这天，张骞忍着饥饿、病痛，独自顺一条山路向前走去。拐了几个弯，隐约听到远处有人讲话。他循着声音一边望，一边鼓起劲走去。走了一阵，声音没有了，抬头看时，只见路边有一块四四方方的石头。张骞绕着石头看了看，朝西的一面写着"通天路"三个大字。张骞犹豫了，是向前走，还是拐回去？不一会儿，前边又传来"咯咯"的笑声，他要弄明白这路通向何处，就又迈步向西走。哪知他刚走三步，一股狂风刮起，吹得地动山摇。张骞忙闭上眼睛。风过后，张骞睁眼一看，四周全成了直陡陡的石壁，把他圈在里边，向上看有十来丈高，好像掉在井里。

张骞想出来，那是不可能的事。这时，上边传来一男一女的争吵声。脆滴滴的女声说："王母命我引他上天，你为何把他阻拦？"接着是瓮声瓮气的男声说："怕是你这仙姑思凡想嫁人吧！我去玉皇大帝面前告发你。"随着一阵狂笑，上边又静了。嗬，原来是天上神仙。一会儿，一根白绫带落下来。张骞上去拽住白绫带，只觉身体一轻，随带向上飘起。眨眼工夫，张骞从那"石井"中出来，悬在半空。这白绫带是一位仙姑的腰带，张骞死死拽着白绫带，随着仙姑向西"嗖嗖"飞去。

一会儿，扯得紧绷绷的白绫带突然一松，仙姑不见了，张骞摔落下来。停了片刻，张骞稳住神，看看前面，是座石牌坊，牌坊上雕着"西天瑶池"四个大字。

张骞咋也想不到，自己一个凡人，竟来到仙境。他壮了壮胆，走过牌坊，向里张望，一片树绿花红，处处水碧草青。张骞觉得心旷神怡，周身轻松，双手一背，慢慢悠悠的走起来。

在一个朱栏玉砌的亭子旁边，有一棵枝繁叶茂的树，上边红花朵朵，挂着一个个拳头大的果实。张骞停下来，细细端详这棵果树。他走了许多地方，还没见过这种果子。为了弄个明白，看看四周没有动静，张骞伸手摘一个。他用指甲抠开硬皮，剥开一看，里面一排排一层层满是珍珠玛瑙般的籽儿。

张骞掰了一个籽儿，小心翼翼地放进嘴里，轻轻一咬，甜汁四溢。他又掰了几颗，一起扔进嘴里。那籽儿甜中带酸，郁香可口。籽儿好吃，他索性掰了一手心，揞进嘴里，津津有味地嚼起来。吃了几口籽儿后，顿时感到口舌滋润，肚里的胀满也无影无踪，心里十分爽快。

张骞想：不知这是什么珍奇异果，看来能清热生津，消食化积。我干脆偷偷摘几个，一来路上吃，二来留下种子，带回去让老百姓栽种。他踮起脚，伸手刚摸着一个大点的果子，忽然传来呵斥声："何人如此大胆，敢偷摘王母的石榴！"随着呵斥声，那个带张骞上天的仙姑款款而来。

没等仙姑开口，张骞连忙作揖施礼，把他奉旨出使西域，路上诸多艰辛，眼下水土不服，腹内胀满，口舌生疮，吃了这果的籽儿，竟好了许多的事儿讲说一遍，肯求仙姑赏赐几个石榴。

仙姑一听作了难，摇摇头，连说不中。接着把情由告诉张骞。

王母在天上见张骞旅途遥远，行走艰难，发了怜悯心，命仙姑引张骞上天，想送给他一些桃呀、梨呀、枣呀以备路上吃。只是这石榴天上只有一棵，结的果子还不够玉皇大帝吃哩，没有旨意，那个也不敢私摘一个。

张骞听完仙姑一席话，感激地说："多谢王母仁慈待人。只是桃梨杏天下到处都是，谁也不稀罕。石榴人间没有，若能给我一个带回去，让百姓栽种，也是王母为黎民办了件好事。"仙姑被说动了心，就摘了一个递给张骞，叫他快到"西天瑶池"的牌坊下，等一

会儿送他下天。

张骞把石榴揣进怀里，顺原路回去。仙姑正要拾起石榴树下的石榴皮，一阵笙瑟奏鸣，玉皇大帝和王母娘娘来了。

玉皇大帝问王母："听说有个仙姑要下凡去找张骞？"王母解释道："是我派去的。张骞去西域，路上辛苦，是我让送他些桃李，路上解渴。"玉皇大帝没再追问，只是叫王母少管人间闲事。玉皇大帝和王母说着来到石榴树前。玉皇大帝看见地上有几片石榴皮，问仙姑谁动过石榴？仙姑情知隐瞒不住，就把张骞摘石榴、她送石榴的事讲了。玉皇大帝听了大怒。叫仙姑追回石榴。

仙姑失急慌忙来到"西天瑶池"牌坊下。告诉张骞玉皇要追回石榴。张骞问仙姑怎么办？仙姑叫他不要怕，快点走就是了。张骞照仙姑的吩咐，拽住她的白绫带。仙姑一纵身，到了缥缈的云雾中。张骞忙捂住眼，身体飘起来，耳边响起"呼呼"的风声。

那个在石井上和仙姑争吵的天神，看到仙姑送张骞下天，报告给了玉帝。玉帝不听王母的劝阻，命天神用箭射断了白绫带。

张骞手中的白绫带突然松了，身体在空中打起转来。他睁眼一看，白绫带断了，这要摔下去，准会粉身碎骨。

张骞压住惊慌，向下看看，只见地上一条长带，西头白东头黄，太阳一照，若隐若现，时而闪闪发光。这是什么地方？又向下落了一会儿，看清下边是条河。他想，肯定是黄河。眼下自己是九死一生，摔死也要摔在黄河边，死在自己的故土上。张骞在空中手扒脚蹬，借着风吹，向黄河的上空飘落下来。

张骞越落越快，哗哗流水声都听得清清楚楚了。他一闭眼，"通"一声，摔在黄河里。

张骞被救上岸，两天两夜才醒过来。他一醒来，问这是什么地方？人们告诉他，是河阴。他来过河阴，这里被邙山围着，一片黄土，是种树的好地方。他不顾身上伤痛，从怀里掏出石榴，分给老百姓，让他们立刻种下去。

从此石榴就在河阴生长、开花结果了。河阴石榴是张骞从天上带下来的，到现在还有人把河阴石榴叫做"仙石榴"。

河伯授图

大禹治理黄河时有三件宝，一是河图；二是开山斧；三是避水剑。传说河图是黄河水神河伯授给大禹的。

古时候，在华阴潼乡有个叫冯夷的人，不安心耕种，一心想成仙。他听说人喝上一百天水仙花的汁液，就可化为仙体。于是就到处找水仙花。

大禹治理黄河之前，黄河流到中原，没有固定的河道，到处漫流，经常泛滥成灾。地面上七股八道，沟沟汊汊全是黄河水。冯夷东奔西跑找水仙花，就常渡黄河、跨黄河、过黄河，常和黄河打交道。转眼过了九十九天，再找上一棵水仙花，吮吸一天水仙花的汁液，就可成仙了。冯夷很得意，又过黄河去一个小村庄找水仙花。这里的水不深，冯夷趟水过河，到了河中间，突然河水涨了。他一慌，脚下打滑，跌倒在黄河中，活活被淹死。

冯夷死后，一肚子冤屈怨气，咬牙切齿地恨透了黄河，就到玉帝那里去告黄河的状。玉帝听说黄河没人管教，到处横流撒野，危害百姓，也很恼火。他见冯夷已吮吸了九十九天水仙花的汁液，也该成仙了，就问冯夷愿不愿意去当黄河水神，治理黄河。冯夷喜出望外。满口答应。这一来可了却自己成仙的心愿，二来可报被淹死之仇。

冯夷当了黄河水神，人称河伯。他从来没有挨过治水的事儿，一下子担起治理黄河的大任，束手无策，发了愁。咋办呢？自己道行浅，又没什么法宝仙术，只好又去向玉帝讨教办法。玉帝告诉他，要治理好黄河，先要摸清黄河的水情，画个河图，有黄河的水情河图为依据，治理黄河就省事多啦。

河伯按着玉帝的指点，一心要画个河图，他先到了自己的老家，

想找乡亲们帮帮忙。乡亲们都讨厌他好逸恶劳，没人答理他。他找到村里的后老汉，讲了他治理黄河的大志。后老汉见他如今成了仙，要给百姓们办点好事，就答应帮帮他。从此，河伯和后老汉风里来雨里去，跋山涉水，察看黄河水情。两个人一跑就是好几年，硬是把后老汉累病了。后老汉只有回去，剩下河伯继续沿黄河察看水情。分手时，后老汉再三嘱咐河伯，干事要干到底，不要中途而废，画好图就动手治理黄河，人手不够，他说服乡亲们帮忙。

查水情，画河图，是个苦差事。等河伯把河图画好，已年老体弱了。河伯看着河图，黄河哪里深，哪里浅；哪里好冲堤，哪里易决口；哪里该挖，哪里该堵；哪里能断水，哪里可排洪，画得一清二楚。只可叹自己没有气力去照图治理黄河了，很伤心。河伯想想，总有一天会有能人来治理黄河的，那时，把河图授给他，也算自己没有白操心。

河伯从此就在黄河底下安度晚年，再没有露面。不料，黄河连连涨水，屡屡泛滥。百姓们知道玉帝派河伯来治水，却不见他的面，都骂河伯不尽职尽责，不管百姓死活。

后老汉在病床上天天盼河伯，一晃好些年不见面。他对治理黄河的事不放心，要去找河伯。他儿子叫羿，射箭百发百中。无论后老汉如何讲，羿不让他去找河伯。后老汉不听儿子劝阻，结果遇上黄河决口，被冲走淹死，连尸体都没找到。后羿非常恨河伯，咬着牙说，早晚要把河伯射死。

后来，到了大禹出来治水的时候，河伯决定把黄河河图授给他。

这一天，河伯听说大禹带着开山斧、避水剑来到黄河边，他就带着河图从水底出来，寻找大禹。河伯和大禹没见过面，谁也不认谁。河伯走了半天，累得正想歇一歇，看见河对岸走着一个年轻人。这年轻人英武雄伟，想必是大禹，河伯就喊着问起来："喂，你是谁？"

对岸的年轻人不是大禹，是后羿。他抬头一看，河对岸一个仙

风道骨的老人在喊，就问道："你是谁?"

河伯高声说："我是河伯。你是大禹吗?"

后羿一听是河伯，顿时怒冲心头，冷笑一声，说："我就是大禹。"说着张弓搭箭，不问青红皂白，"嗖"地一箭，射中河伯左眼。河伯拔箭捂眼，疼得直流虚汗。心里骂道："混账大禹，好不讲道理!"他越想越气，就去撕那幅水情图。正在这时，猛地传来一声大喊："河伯! 不要撕图。"河伯忍痛用右眼一看，对岸一个头戴斗笠的人，拦住了后羿。这个人就是大禹，他知道河伯画了幅黄河河图，正要找河伯求教呢。后羿推开大禹，又要搭箭张弓。大禹死死拽住他，把河伯画图的艰辛讲了，后羿才后悔自己冒失莽撞，射瞎了河伯的左眼。

后羿随大禹一同趟过河。后羿向河伯承认了过错。河伯知道了后羿是后老汉的儿子，也没多怪罪。大禹对河伯说："我是大禹，特地来找你求教治理黄河的办法哩。"

河伯说："我的心血和治河办法都在这张图上，现在授给你吧。"

大禹展图一看，图上密密麻麻，圈圈点点，把黄河上上下下、左左右右的水情画得一清二楚。大禹高兴极啦。他要谢谢河伯，一抬头，河伯跃进黄河早没影了。

大禹得了黄河水情图，日夜不停，根据图上的指点，终于治住了黄河。

牛鼻子峡

永靖县刘家峡乡大川西端，有一座突起的高山，形如黄牛吃水，牛鼻子将宽阔的黄河一下子挤缩为峡谷，只有十来丈宽，这就是驰名天下的牛鼻子峡，常常生活在浪尖上的筏子客们，提起牛鼻子峡的险峻，各个神乎其神，众说纷纭。当地民间流传着这么一段故事。

古时候，天上有一条九曲巨龙，力大无比，性子暴烈，不服管教，被玉皇大帝流放到九州大地，命它朝东行去。可是这条九曲大

龙被贬以后，仍然本性不改，凭着它浑身的力气，硬是跟玉皇大帝唱对台戏。刚行至永靖半个川，忽然，来了个九十度大转弯，扭头向西游去。顿时，洪水排山倒海淹没了永靖半个川。百姓们纷纷离乡背井，四处逃散，呼天唤地，烧香祈祷。事情被玉皇大帝知道了，气得七窍生烟，横眉倒竖，忙派力大无穷的天牛前去驯服九曲大龙。天牛奉旨，不敢怠慢，火速赶到半个川，低头对着大龙，拼命地吸，谁知那龙老奸巨猾，早有防范，左回右转，头一摆，十八湾；尾一甩，转座山。而天牛鼓尽力气，伸长脖子拼命地吸呀吸，牛尾巴快到天上去了，牛鼻子还是挨不到水面。这事被鲁班大师知道了，慌忙前来帮忙。他使用神工，赶来了三块山一般大的石头，起名"三弟兄"。使老大、老二堵龙眼、老三堵龙嘴，一字形摆开战场，准备将九曲大龙截堵于川中，让天牛再施展本领。谁知那龙诡计多端，咆哮几声，霎时变成三头六臂，趁势奔腾而去。可怜那天牛活活挣死在岸边。鲁班的"三弟兄"也束手无策，垂头丧气地立在川中。从此黄河到永靖向西流了。

后来，不知那朝那代，有一位风水先生路经此地，看到这幅活灵活现的山石形象，和两岸荒凉贫瘠的山村，感叹道："何时牛鼻子能喝上水，'三弟兄'能洗个澡，半个川才会富饶！"

今天，这个幻想终于实现了，离牛鼻子峡不远，将玉皇大帝都管教不了的巨龙，拦腰斩断了！这就是盐锅峡大坝。上游变成了平湖，牛鼻子终于喝上了黄河水，"三弟兄"也能洗上澡，两岸山川变成了水田，成了永靖一块富饶之地。

豆腐腰

人们说黄河是"铜头铁尾豆腐腰"。啥是豆腐腰？即是说从花园口向下到台前县孙口，这一段黄河经常决堤泛滥，大堤像豆腐一样松软，经不起风浪。

黄河咋会有个豆腐腰哩？说来话长，传说是共工造成的。

共工是个水神，性情凶狠，处事蛮横。一天，他心血来潮，要用洪水治一治天下的百姓，叫人们尝点苦头，知道他的厉害。他施展神力，呼风唤雨，把一个好端端的中原弄得一片汪洋。百姓们哭天叫地，逃难要饭，苦熬日月。

大禹领着百姓治水，把黄河治理到邙山东头，再向东的河道就不好治了。咋哩？有共工在作怪捣乱。

大禹找到共工，说好话求他，劝他不要再呼风唤雨，发洪水坑害百姓，给老百姓留条生路，积些德行。共工不听大禹的好言劝告，说我发我的水，和你有啥关系？大禹不愿和这号人多说，只好水里来，水里去，顶风冒雨，察看地形，寻找黄河向东的出路。

共工看大禹一心要治住洪水，疏导黄河，火气一冒三丈。他借着怒火，大展本领，中原一带的洪水四处漫溢，到处横流，洪水更大了。

大禹东堵堵，西挡挡，这里排水，那里导流费尽了力气，地面上的水却越聚越多，黄河水也是四处八方乱窜。有共工捣乱，黄河没法疏导，洪水没法治，净是白磨鞋，空跑腿。大禹决心打跑共工再治理黄河。

大禹又去找共工，不客气地说："共工，你赶快离开中原，不准再作恶发水，如果不听劝告，把你碎尸万段。"共工哈哈大笑，他才不把大禹放在眼里呢！只见共工一挥手，又要兴风作浪。大禹举起逼水宝剑向共工刺去。两个人在水中打起来。

大禹和共工打了三天三夜，不分胜负。大禹停了手，告诉共工，日后再斗。大禹把随他治水的应龙、黄龙、白龙、苍龙都叫来，要和共工拼个你死我活。平时共工四处作恶，名声不好。老百姓听说大禹要赶走共工，都来助战帮忙了。大禹带着大家在水中拦住共工，双方厮杀起来。

整整斗了一个月，大禹人多势众，轮流上阵；共工渐渐体力不支，败下阵逃跑了。大禹穷追不舍。共工看着自己难逃，回头跪在大禹面前，发誓永远离开中原，再不发水作恶了。大禹心一软，放走了共工。

大禹赶走共工后，一鼓作气，把洪水排完，又马不停蹄地把黄河疏导到东海。大禹怕黄河水不服约束，就用太行山的石头，筑起黄河两边的堤岸。石头筑的黄河大堤，又高又厚，十分坚固，任黄河水再凶也不会把堤岸冲开。

共工跑到很远的地方，老实了没多长时间，恶习重发，一心要报仇。他听说大禹疏导了黄河，中原不再发洪水了，恨得咬牙切齿。他养精蓄锐，苦练神力，收罗一些心术不正专干坏事的小神，伺机再返中原。

过了好些年，大禹治水累得浑身是病，早已年老体弱，白发苍苍。共工趁机杀回中原，

共工下令，叫他的兵卒们跳进黄河，掀起三尺大浪。他沿着黄河堤岸从西向东，大嘴一张，连连吸气，把黄河堤一段一段地吸溜到肚里，过会儿再吐出来。这些年，共工炼成吞石化土神术，黄河大堤的石头吸进了他肚里，再吐出来时，变成了泥土。黄河水浪一翻，泥土经不起冲刷，四处开口，黄河水灌满了中原。

大禹得知共工回来报仇，吞毁了黄河石头大堤，十分气愤，立刻带人马赶来。黄河两岸的老百姓都拿起刀枪、渔叉，跟着大禹和共工打起来。前前后后，你来我往，大战了半年，共工被打得只剩下独自一个，狼狈逃窜。

打败共工，已是数九寒天。大禹在寒天冻地中，筑堤治理黄河。可惜大禹已没当年的力气，再说石头已无，只有请来许多乌龟，把冲走的泥土驮回来。两岸的百姓一齐动手，用泥土紧紧张张修了两边的堤岸。那时只顾赶快挡住黄河水，修堤时没夯实，又是冻土，就留下了后患。大堤软松的像豆腐，经不起浪击水涌，时常决口，危害百姓。